바람 풍

사생작가 전 덕 영

핸폰 HP 시집

도서출판 도훈

긴 장마를 버텨온
밤섬에는 모래톱 꼬리가
거센 흙탕물의 흔적이듯이
낚시터에서 무던히도 썼습니다
어렵게 쓴 글이 흐를 류(流)와 짝하여
바람 풍(風)으로 되었습니다

곱게 엮은 HP 시집을

님께 드립니다

파문

어쩌면 낚시는 수면을 보고 물속을
상상하는 일인 줄도 모른다
메신저 역할을 하는 찌이기에
시인성과 예민성이 강조되는 까닭이다

결국 크고 작은 파문을 일으키고
보고 느끼며 잃었다 스러짐을 본다
이 사진은 낚싯대 그림자가 물결에 번지는 순간을
HP 카메라로 포착한 것이다
대개의 사진은 낚시 의자에서
앉은 자세로 찍게 되는데
극적인 주제를 얻기 위해서는
조금은 이동하기도 한다

차례

시어 詩魚 /11

평상 平常 /129

회상 回想 /142

그림 /157

시
어

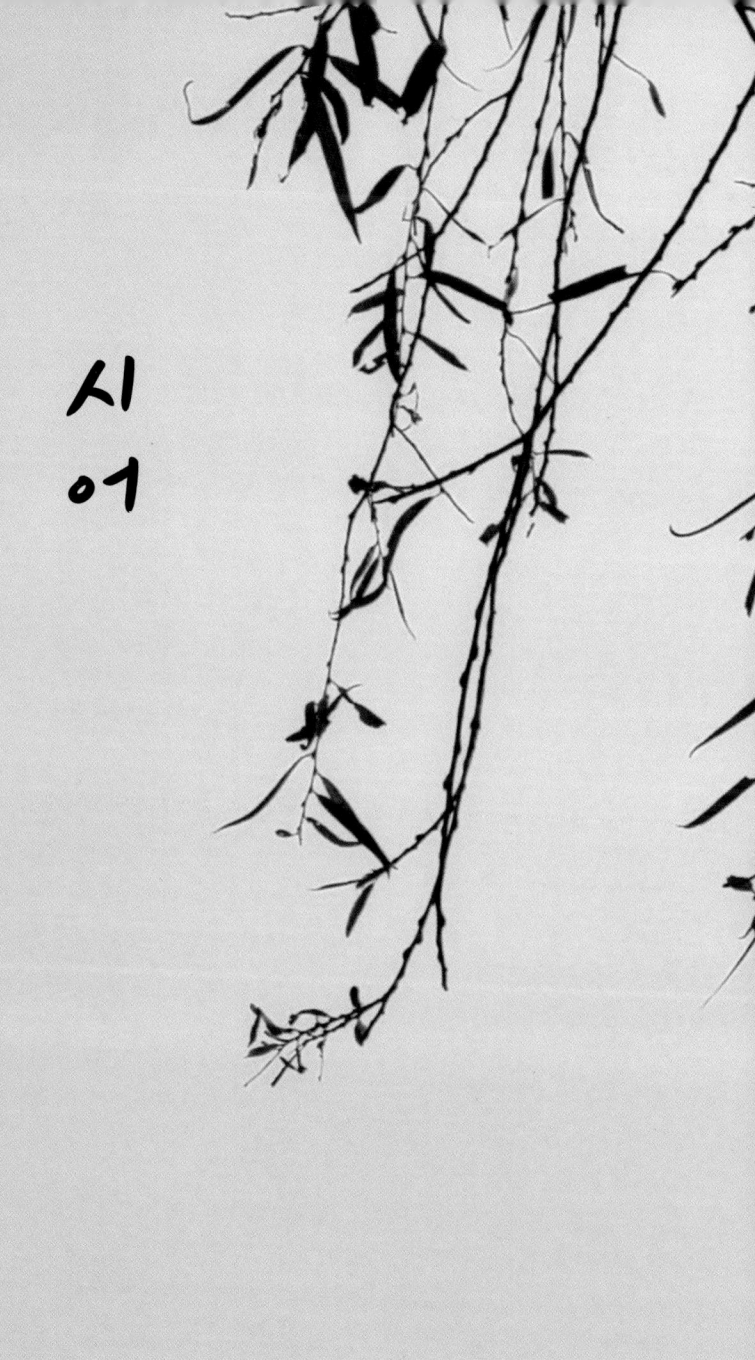

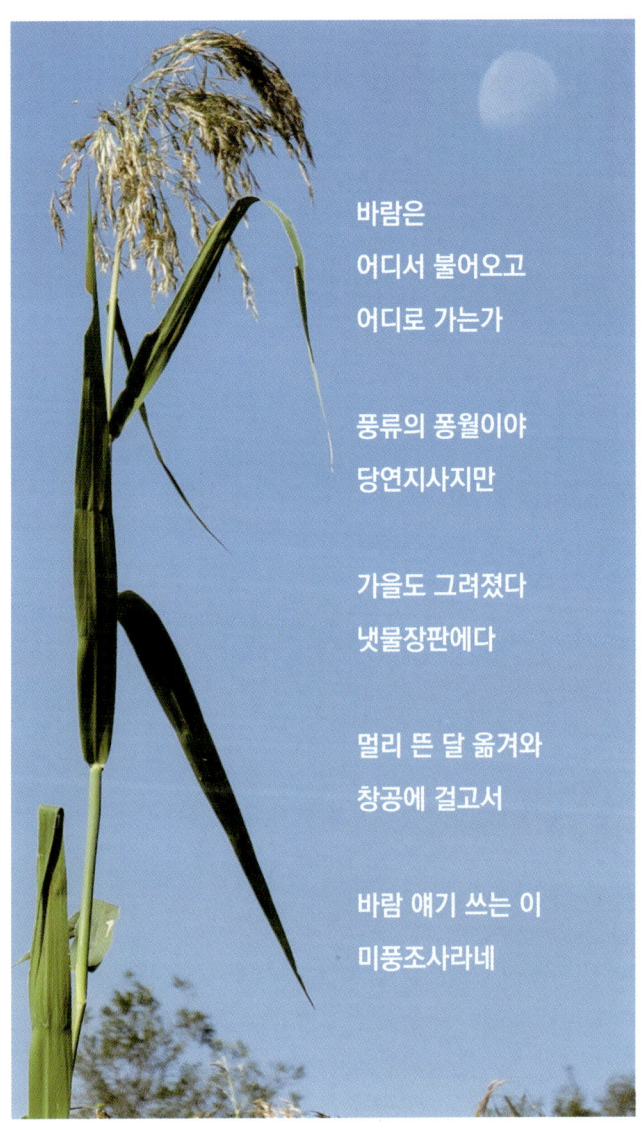

바람은
어디서 불어오고
어디로 가는가

풍류의 퐁월이야
당연지사지만

가을도 그려졌다
냇물장판에다

멀리 뜬 달 옮겨와
창공에 걸고서

바람 얘기 쓰는 이
미풍조사라네

휘익

바람이
제법 차가워져서
벌써 가을이 가버렸나
내 건너 갈대밭이 뒤숭숭
억새 할아버지 모자를 벗었다

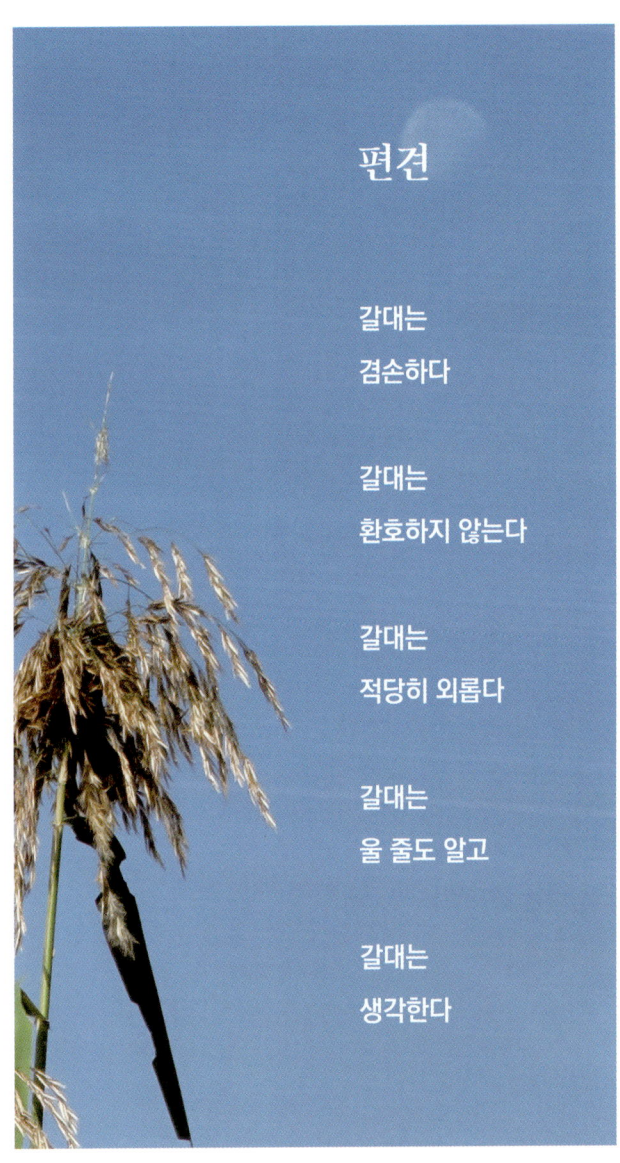

편견

갈대는
겸손하다

갈대는
환호하지 않는다

갈대는
적당히 외롭다

갈대는
울 줄도 알고

갈대는
생각한다

공

해 걸러 찾아온 곡교천에
아산이 어금니 닮았더냐
물그림자조차 가지런해
겨울새는 오고 있으려나
하늘과 물이 고요하기만
혼자 앉았는 물버들 그늘
성기어 가을볕이 따갑네

만추

늦여름 따라온
급해진 가을이

곡교천 냇물에
쪽을 풀어내어

고기도 쫓겨나
빈 냇물이더냐

말 없는 강태공
그 뜻을 헤이네

오늘

종일토록
흐리기만 한다더니
구름이 쏟아져 내리는
희한한 풍경이 연출되고
급기야 가을비가 동그라미
종아리를 비비니 따뜻해졌다

단풍 진 가을도 아닌데 벌써
성급한 겨울이 찾아왔나
봄이 왔는가 싶으면
여름은 장맛비에
가을은 쓸쓸히 가니
모자 위에 점퍼 후드를 덧쓰고
가버리는 가을을 보고 있었다

바람이 멈추고

가을 햇살 퍼지는
드러난 모래톱에는
숙맥 왜가리 총각이
거닐다가 멈춰 섰다
둘러봐야 혼자다

가을 예상

예전에는
사람들이 집에서 죽었다
외지나 병원이라도 밖에서 죽으면
객사라 해서
한사코 살던 집에서 돌아가시게 했다
요즘은 병원에서 태어하고 죽는 게 다반사가 됐다
낚시터에 교자상이 가끔 버려진다
환갑이나 칠십은 물론이고
생일조차도 외식을 하니
두레 밥상이 필요 없어진 것이다.
떠가는 물상추가
요령 소리에 이끌려가는 상여처럼 멀어져 간다
흐르는 물이나 지나는 바람도
차가워졌다

청풍명월

붉던 해가 밝아지면
하얀 해로 변해가며

누런 달이 희어져서
낮달 되면 소월인가

칠십 넘어 알지 못해
글 많다 자랑하는 분

같은 해 다른 달인가
아실지도 모르겠네

임시 공휴일

내일이 개천절
하늘 푸르고 곱다
물가에 조사님 모두들
시리도록 푸르른 물색을
닮아가서 물들어 가고 있다
오늘은 노인의 날이어서
하루걸러 낚시를 왔다

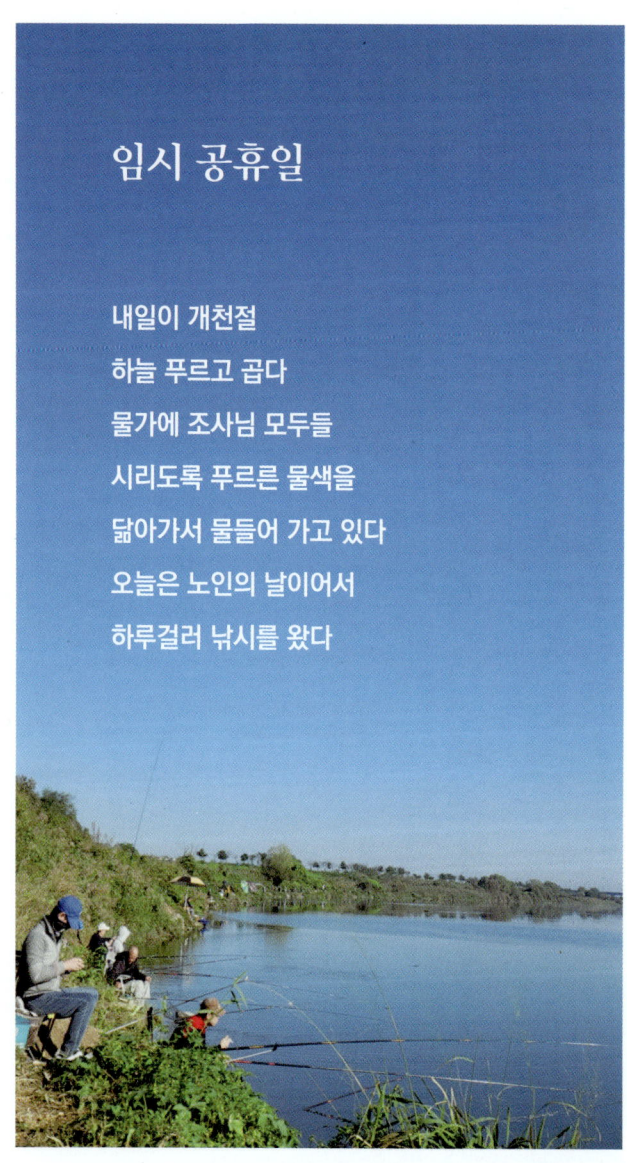

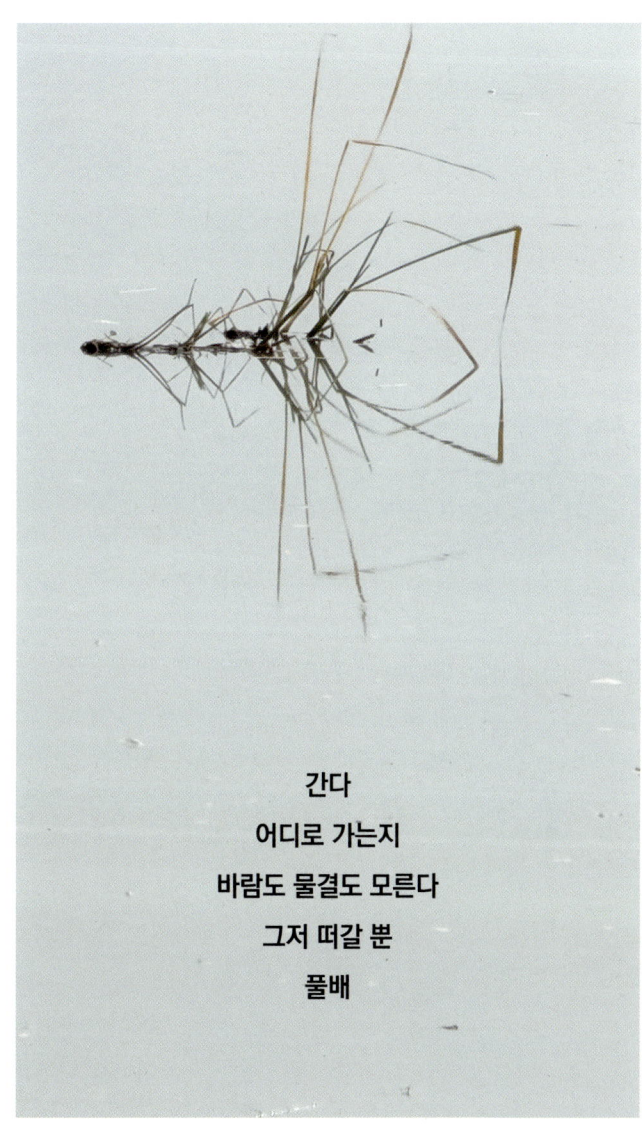

간다
어디로 가는지
바람도 물결도 모른다
그저 떠갈 뿐
풀배

8년 차

낚싯대
한 대에 찌 하나
두 대이면 찌 두 개가
세 대가 되면 세 개가 선다
찌 하나 보기는 눈이 피곤하고
두 개는 그냥 바라보기가 좋으나
세 개의 찌는 고개를 조금씩이나마
돌려야 볼 수가 있으며 미끼 달고
하는 운동량이 세 배 늘어난다
입질도 없고 심심하다면야
펴고 걷는 수고가 있다
하더라도 말이다.
모든 일이
그러하듯
낚시도
근면
해야 한다.
낚시 나이도
금세다

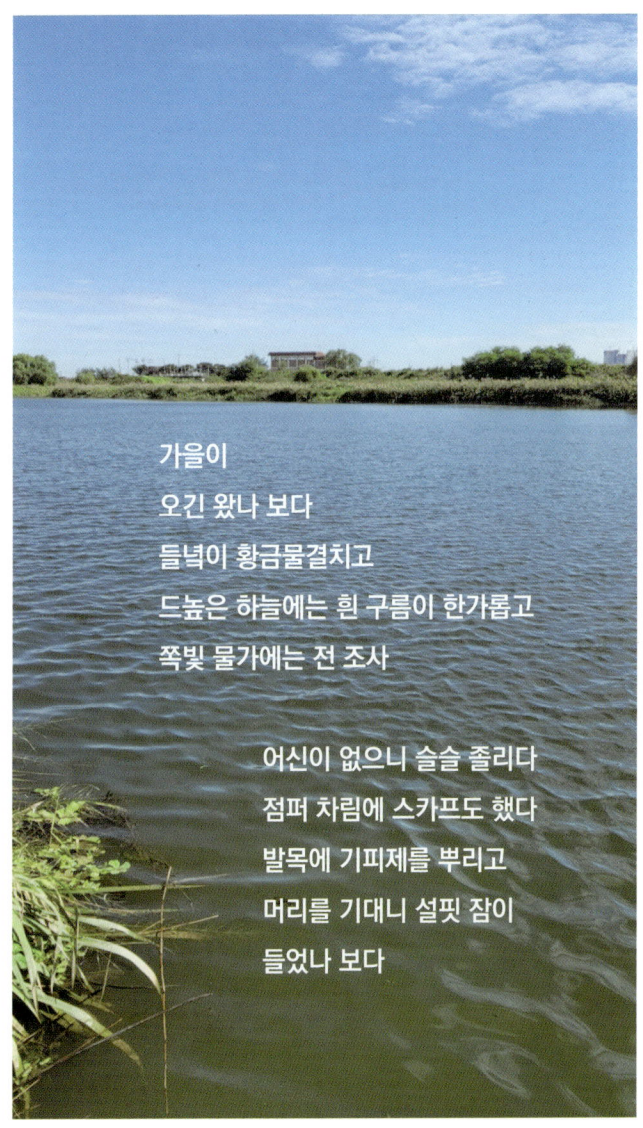

가을이
오긴 왔나 보다
들녘이 황금물결치고
드높은 하늘에는 흰 구름이 한가롭고
쪽빛 물가에는 전 조사

어신이 없으니 슬슬 졸리다
점퍼 차림에 스카프도 했다
발목에 기피제를 뿌리고
머리를 기대니 설핏 잠이
들었나 보다

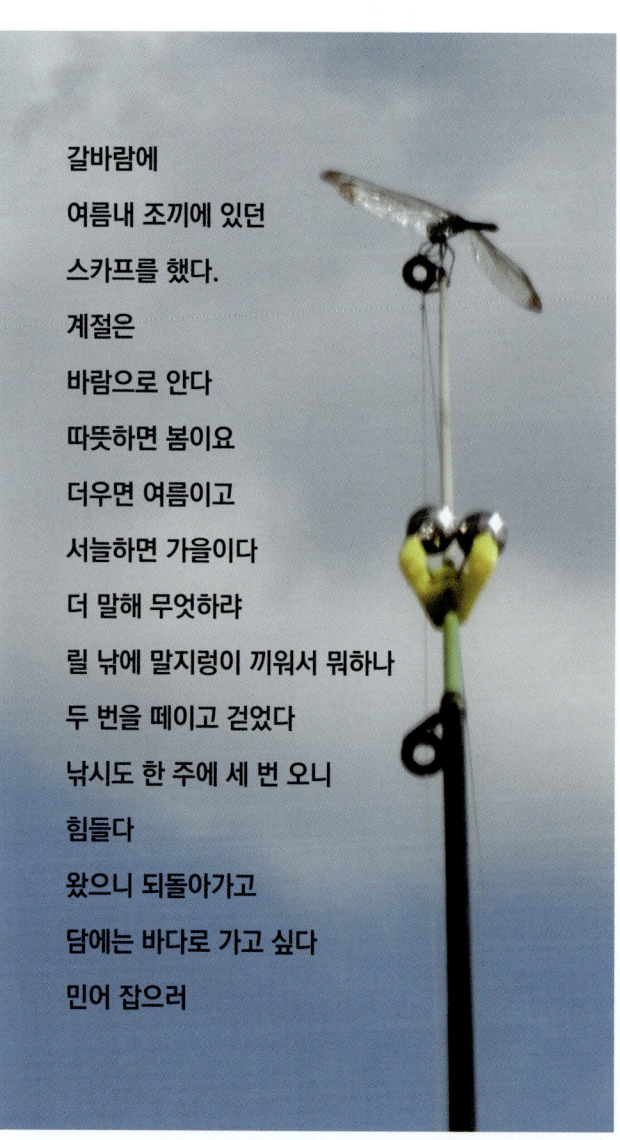

갈바람에
여름내 조끼에 있던
스카프를 했다.
계절은
바람으로 안다
따뜻하면 봄이요
더우면 여름이고
서늘하면 가을이다
더 말해 무엇하랴
릴 낚에 말지렁이 끼워서 뭐하나
두 번을 떼이고 걷었다
낚시도 한 주에 세 번 오니
힘들다
왔으니 되돌아가고
담에는 바다로 가고 싶다
민어 잡으러

가을이면

풀어헤친 갈대가
왠지 쓸쓸함을 자아내고
시리도록 하늘은 파란지 모를 일이다

희뿌연 안개로 머릴 감고
바람 불길 기다려도
쉬이 불어오겠는가

벼락 해가 나고야
황급히 파라솔을 편다
외대에서 한 대 더 입질이 없으니
떡밥이나 없애나

철수 생각이 났다
하품도 났다
용인 남사면 내외께
입질 있어요?
고개 저으신다

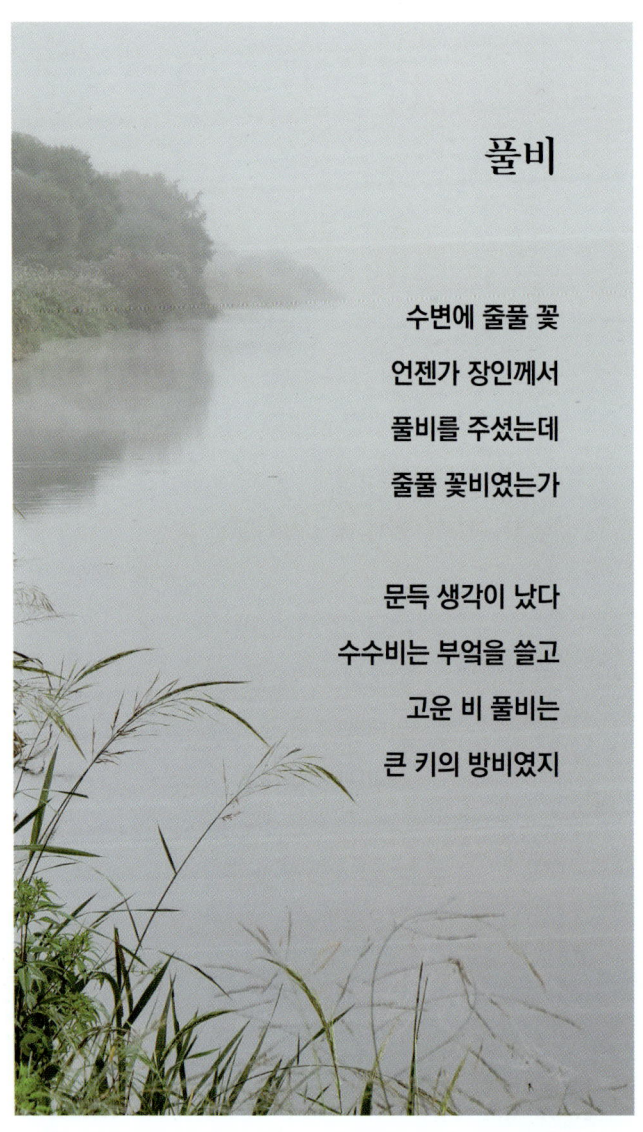

풀비

수변에 줄풀 꽃
언젠가 장인께서
풀비를 주셨는데
줄풀 꽃비였는가

문득 생각이 났다
수수비는 부엌을 쓸고
고운 비 풀비는
큰 키의 방비였지

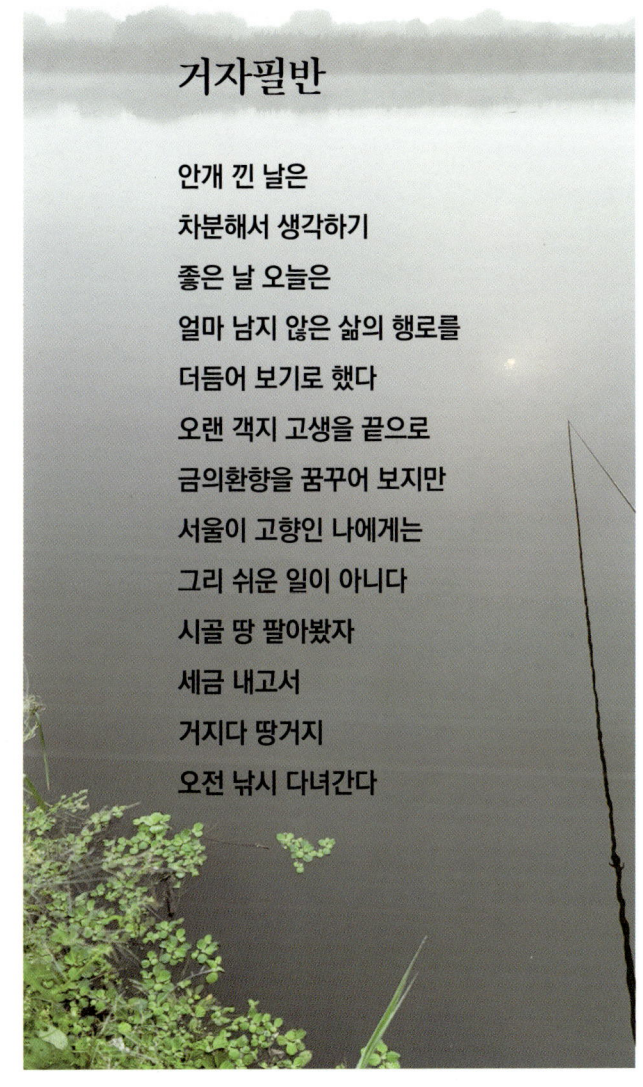

거자필반

안개 낀 날은
차분해서 생각하기
좋은 날 오늘은
얼마 남지 않은 삶의 행로를
더듬어 보기로 했다
오랜 객지 고생을 끝으로
금의환향을 꿈꾸어 보지만
서울이 고향인 나에게는
그리 쉬운 일이 아니다
시골 땅 팔아봤자
세금 내고서
거지다 땅거지
오전 낚시 다녀간다

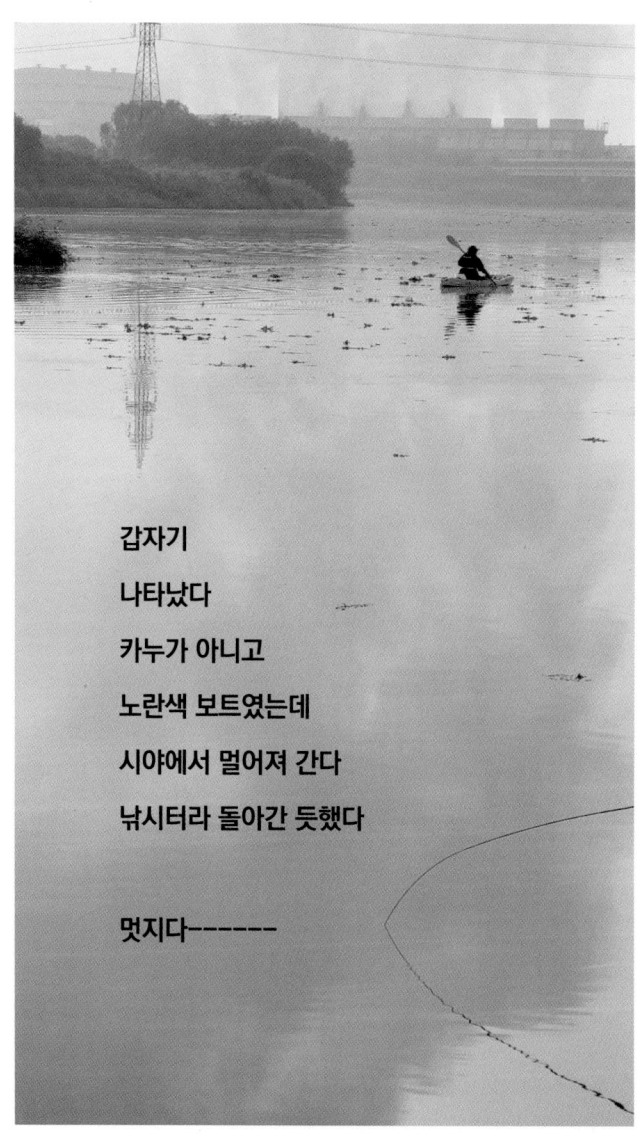

갑자기
나타났다
카누가 아니고
노란색 보트였는데
시야에서 멀어져 간다
낚시터라 돌아간 듯했다

멋지다------

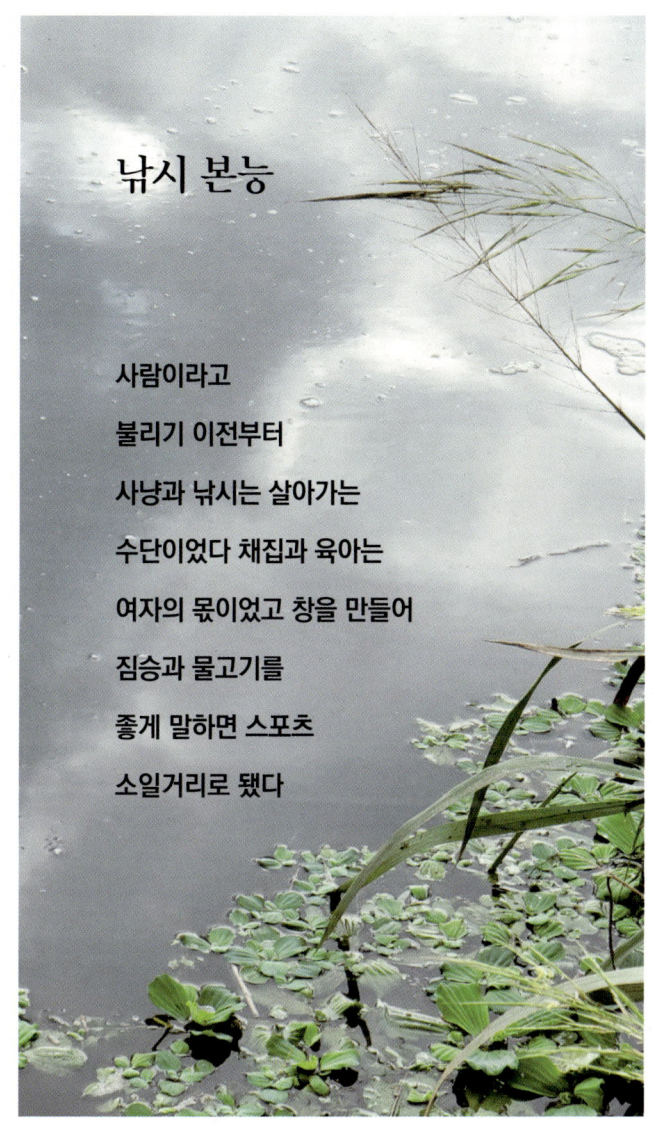

낚시 본능

사람이라고

불리기 이전부터

사냥과 낚시는 살아가는

수단이었다 채집과 육아는

여자의 몫이었고 창을 만들어

짐승과 물고기를

좋게 말하면 스포츠

소일거리로 됐다

. . (점점)

멀어져 간다
풀배에도 사연이
엊저녁 비에
무너진 흙은 씻기고
떠가겠지
어지러운 내 맘도 태워 가자

물상추에 별별 잡동사니
워낙 인생이라는 삶도
알고 보면 쓸데없는
여러 일에 매이고
그러며 산다

아이러니하게도 두문분출하면
집 안에 갇혀 있다고 갑갑해한다
지구는 자전축을 가지고 있다
1시간에 15도씩
시계의 반대 방향으로 자전하니
그 속도가 어마어마함에도
전혀 느끼지 못하고 산다
15도 X 24시간 = 360도
정확히 말하면
해 밝은 쪽으로 가는 것이다
아침 해가 밝아온다
맞는 말이지
착각도 몸에 배면 정당하다
가끔은 글을 쓸 때
한 단어를 고심고심하다
전혀 다르게 써놓고 맞다고 생각하는
실수를 저지르고도 모른다
멀리 외국으로 여객기를 타고서 날아간다면
자전 속도와 방향을 고려함이 아닐까

9월이 열리는 날에

어라
이게 뭐고
살펴 보아하니
파릇한 물상추다
서너 포기가 흐른다
몇 년을 다닌 낚시터에서
처음 보니 전에 곡교천에서
두어 포기 건져다 길렀던 생각

누가 물상추를 흘려보냈을까?
아래쪽 둠벙에도 없는 것을
다섯 시에 안개를 뚫고서
오셨다는 개봉동 형님
자리에 권선동에서
오신 낚시 40년
양띠 아우님의
열띤 수다가
대단했다.

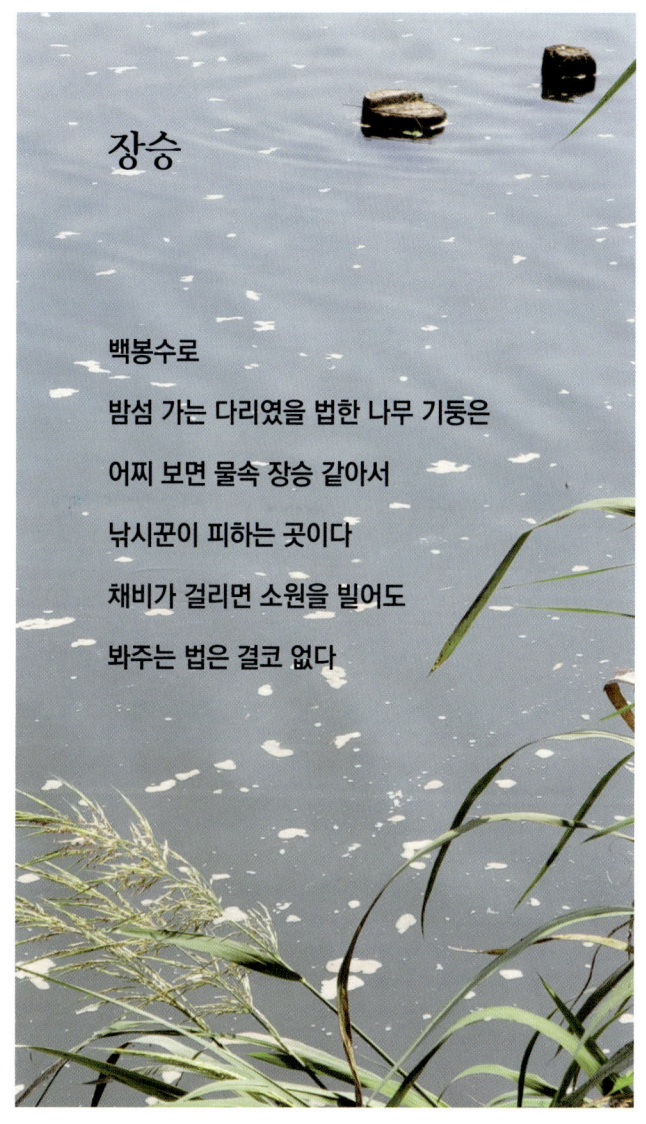

장승

백봉수로

밤섬 가는 다리였을 법한 나무 기둥은

어찌 보면 물속 장승 같아서

낚시꾼이 피하는 곳이다

채비가 걸리면 소원을 빌어도

봐주는 법은 결코 없다

천지불인

8월 하면 아직은 여름이다
그럴 것이 입추 처서가 다 지났어도
폭염이 수그러들지 않았다
7월 장맛비가 많은 인명을 앗아 갔고
삶의 터전을 황폐화시켰고
한차례 태풍이 피해를 가중시켰다

이제 나흘이면 지긋지긋했던 8월이 가고
가을의 문턱에 이른다
어느덧 벼 이삭이 누런빛을 띠고
추석 전에 햅쌀이 나올 거라 한다

어제는 무씨만 한 봉 심었다
갓 씨와 쪽파는 아직 이르기 때문인데
오늘부터 내리는 비는
사나흘 온다고 한다
선현의 말씀이 때를 잘 맞추는 것이
많이 배우기보다 낫다니
새길 일이다

잉어

가끔은

도약하고 싶은지

굽은 푸른 등을 보일 뿐

작은 파문을 남기고

금세 사라진다

오늘은 처서

어제가

칠석이라 애호박부침개

간밤에 후두둑 비 떨어졌다

견우의 수레 닦는 물이려니

핑크 노을에 걸린 왕거미는

거꾸로 매달려 뭘 할까

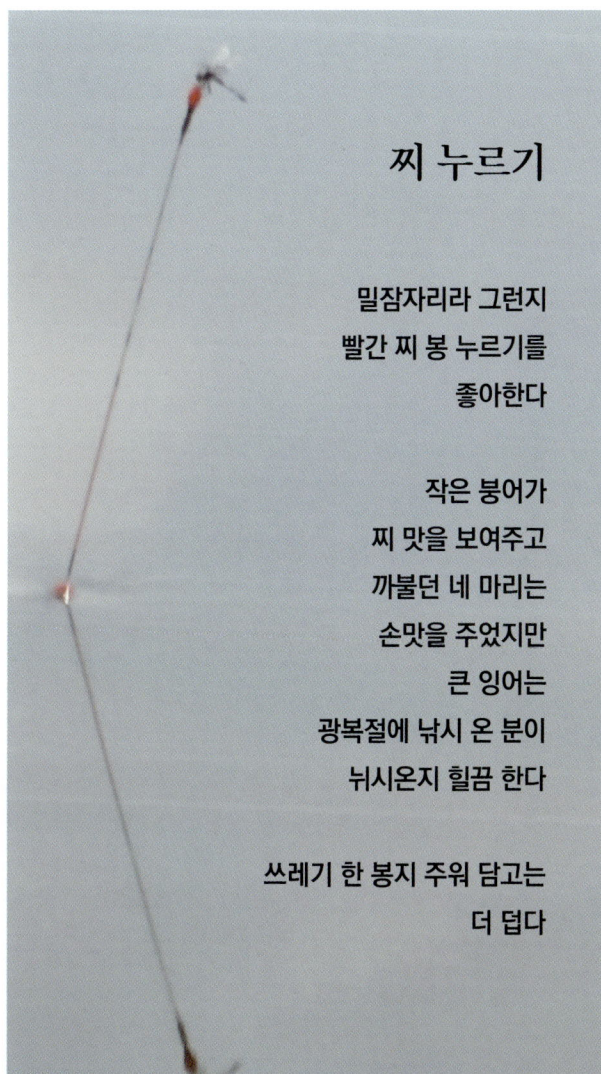

찌 누르기

밀잠자리라 그런지
빨간 찌 봉 누르기를
좋아한다

작은 붕어가
찌 맛을 보여주고
까불던 네 마리는
손맛을 주었지만
큰 잉어는
광복절에 낚시 온 분이
뉘시온지 힐끔 한다

쓰레기 한 봉지 주워 담고는
더 덥다

상사화

꽃은 잎을 못 보고
잎은 꽃을 볼 수 없는 꽃
영광 불갑사 꽃무릇은
스님의 벙어리 사랑
무덤에 핀 꽃

양산

무르익은
신록의 향연에
피어오른 양귀비꽃
노란 삼잎국화는
시녀인 양 피었구나

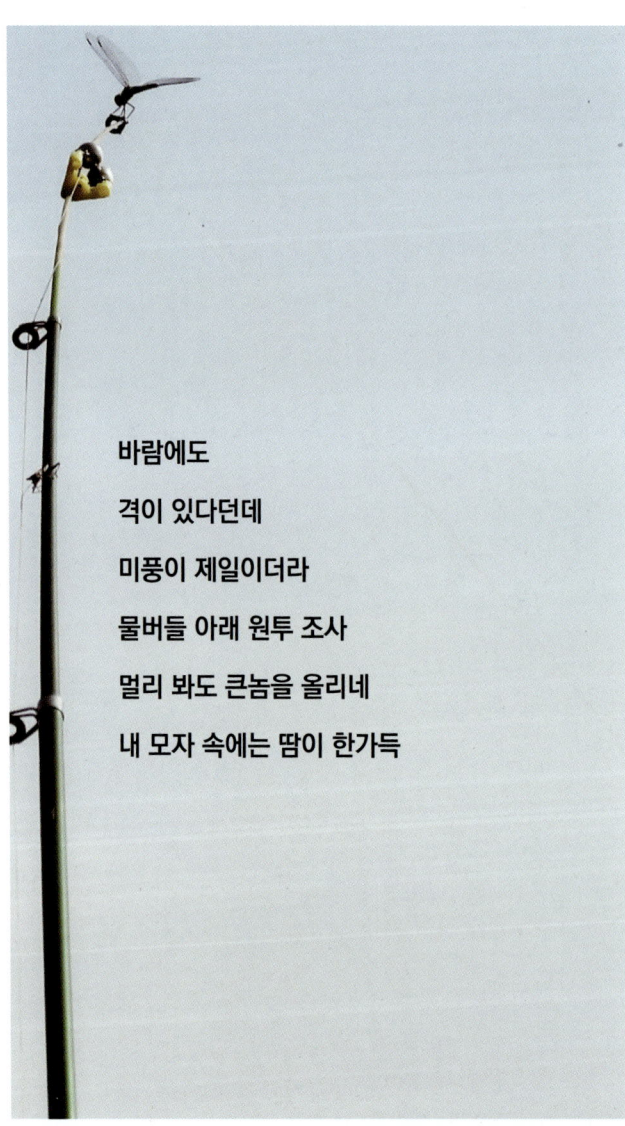

바람에도
격이 있다던데
미풍이 제일이더라
물버들 아래 원투 조사
멀리 봐도 큰놈을 올리네
내 모자 속에는 땀이 한가득

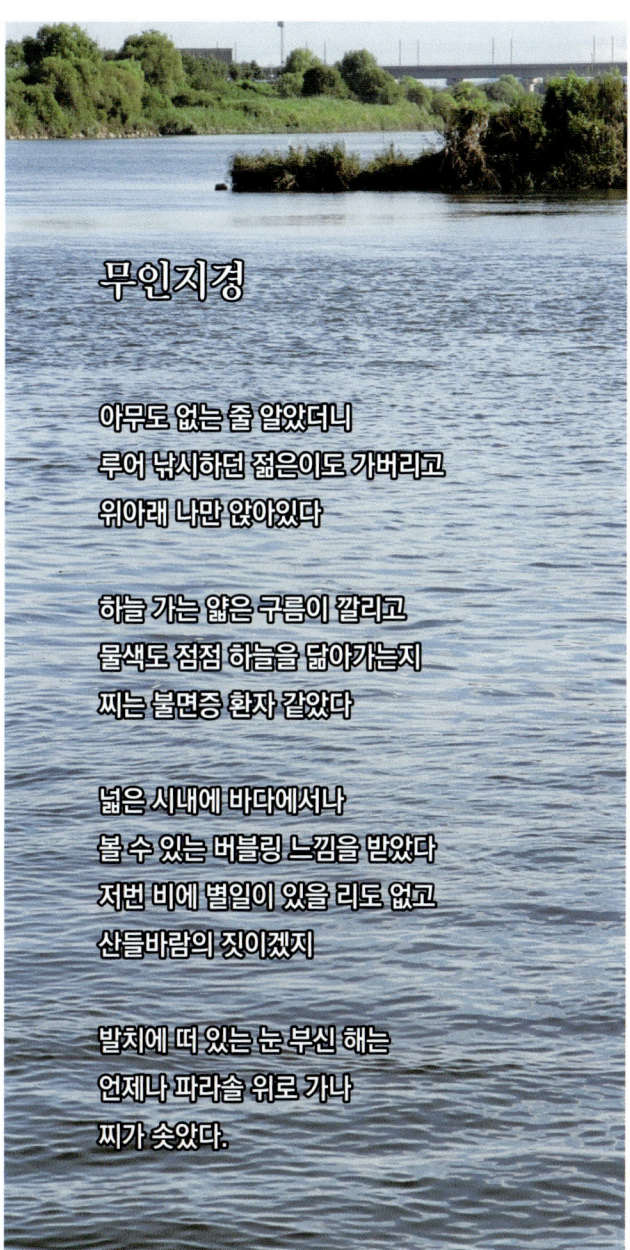

무인지경

아무도 없는 줄 알았더니
루어 낚시하던 젊은이도 가버리고
위아래 나만 앉아있다

하늘 가는 얇은 구름이 깔리고
물색도 점점 하늘을 닮아가는지
찌는 불면증 환자 같았다

넓은 시내에 바다에서나
볼 수 있는 버블링 느낌을 받았다
저번 비에 별일이 있을 리도 없고
산들바람의 짓이겠지

발치에 떠 있는 눈 부신 해는
언제나 파라솔 위로 가나
찌가 솟았다.

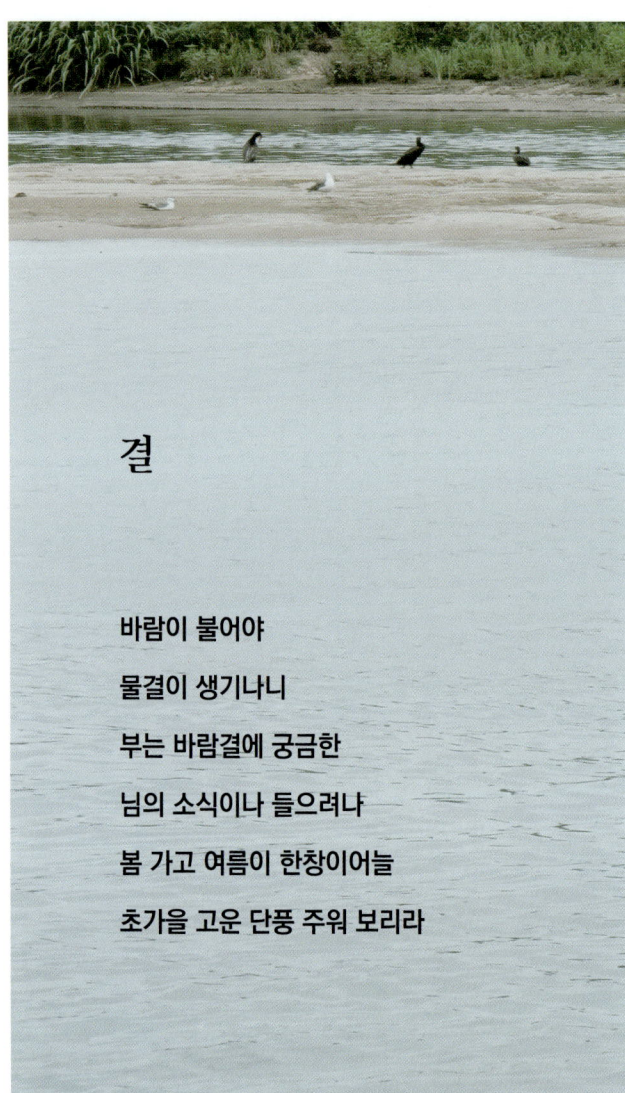

결

바람이 불어야

물결이 생기나니

부는 바람결에 궁금한

님의 소식이나 들으려나

봄 가고 여름이 한창이어늘

초가을 고운 단풍 주워 보리라

멀리
줄풀 아래
쪽 빼입은 총각 외가리
늘 보던 사이여서 본체만체
빵 두 개 오이 하나 뚜껑 커피 세 잔
남은 건 글이 세 편
집에 가는 일

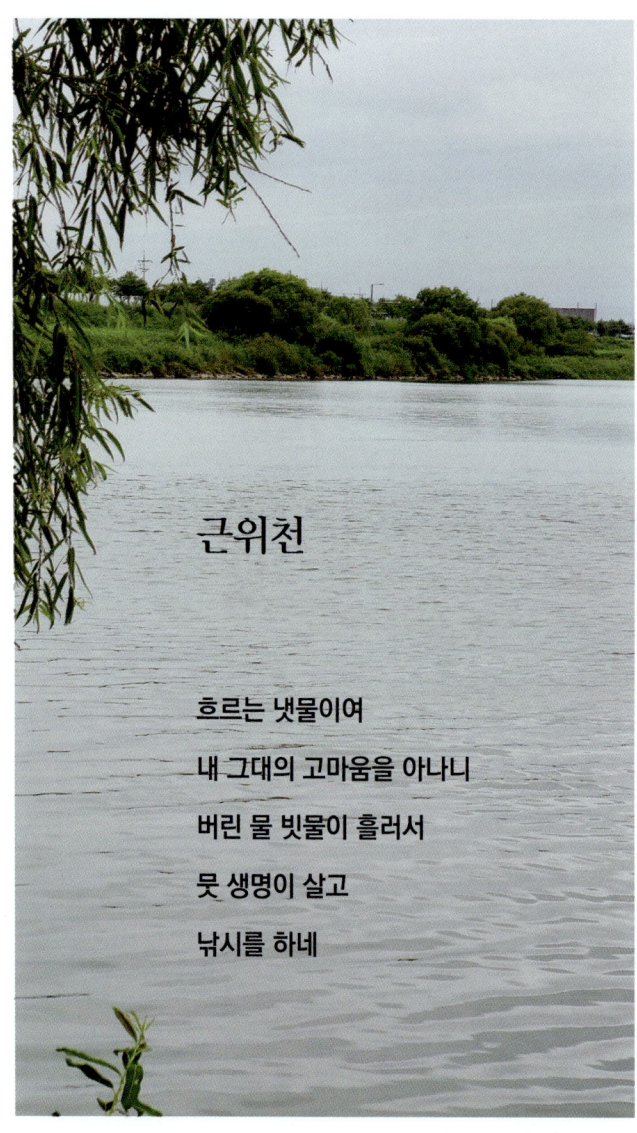

근위천

흐르는 냇물이여
내 그대의 고마움을 아나니
버린 물 빗물이 흘러서
뭇 생명이 살고
낚시를 하네

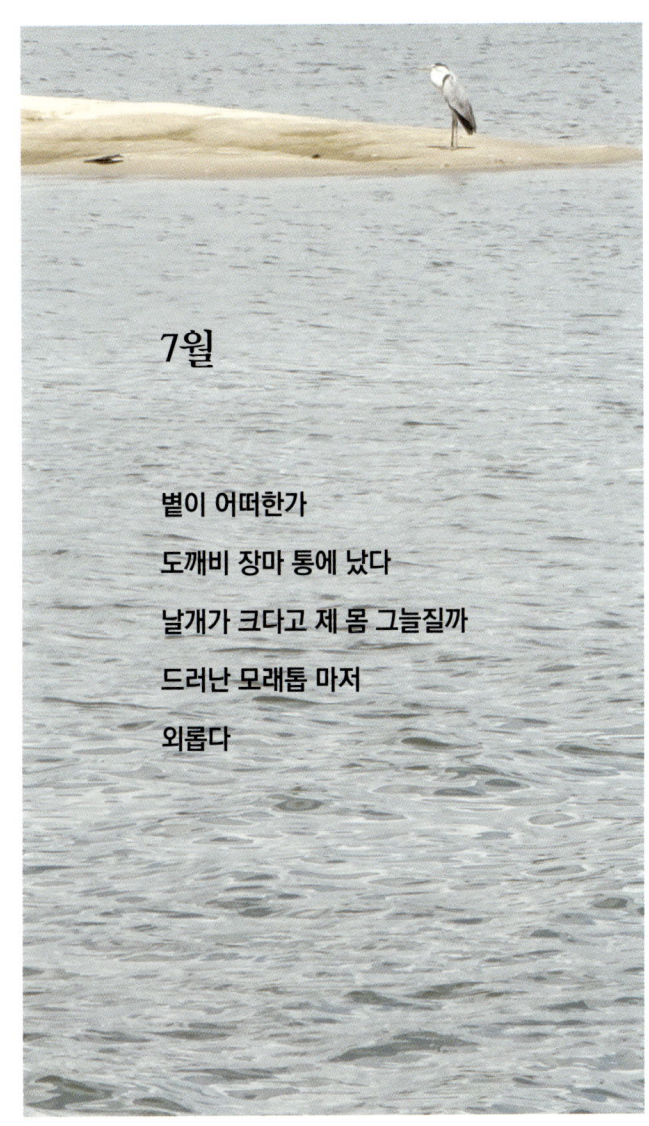

7월

볕이 어떠한가
도깨비 장마 통에 났다
날개가 크다고 제 몸 그늘질까
드러난 모래톱 마저
외롭다

더러 지인 중에
나더러 낚시에 미쳤다고 한다.
칭찬일 게다
세상이 미치지 않고 되는 일이 있던가
불광불급이니 미치지 않고는
미치지 못한다는 말이려니
따지고 보면 그런 사람이 나뿐인가
쉽게 낚시나 다닙니다
결코 쉬운 일이 아니다
덥고 춥고 지루하고
사냥 낚시 채집에
DNA가 있는 사람들의 놀이다

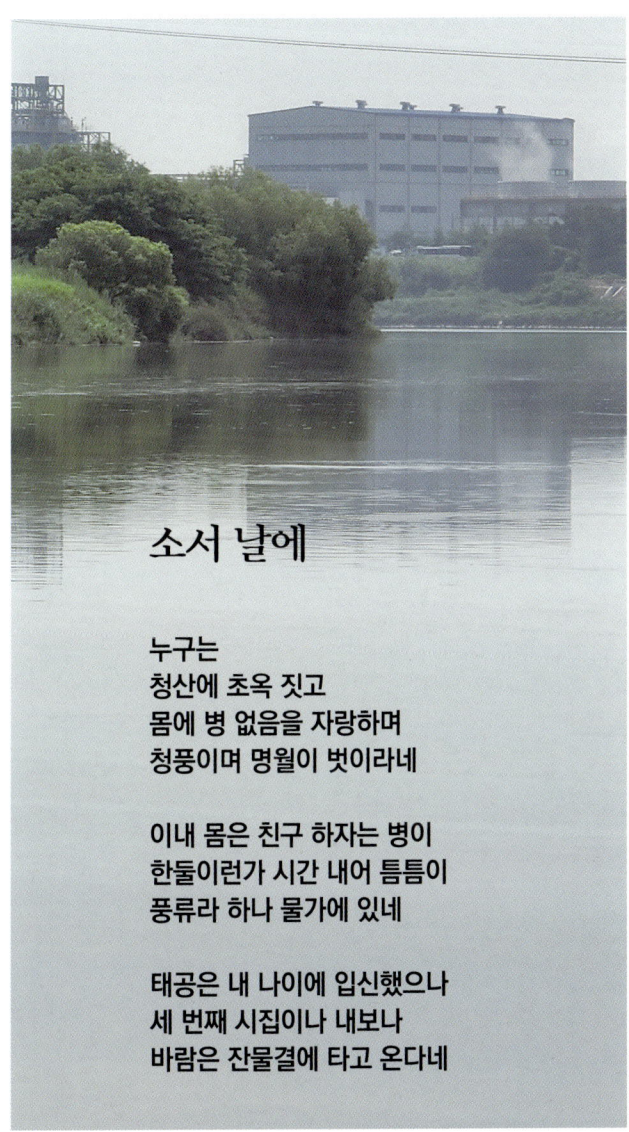

소서 날에

누구는
청산에 초옥 짓고
몸에 병 없음을 자랑하며
청풍이며 명월이 벗이라네

이내 몸은 친구 하자는 병이
한둘이런가 시간 내어 틈틈이
풍류라 하나 물가에 있네

태공은 내 나이에 입신했으나
세 번째 시집이나 내보나
바람은 잔물결에 타고 온다네

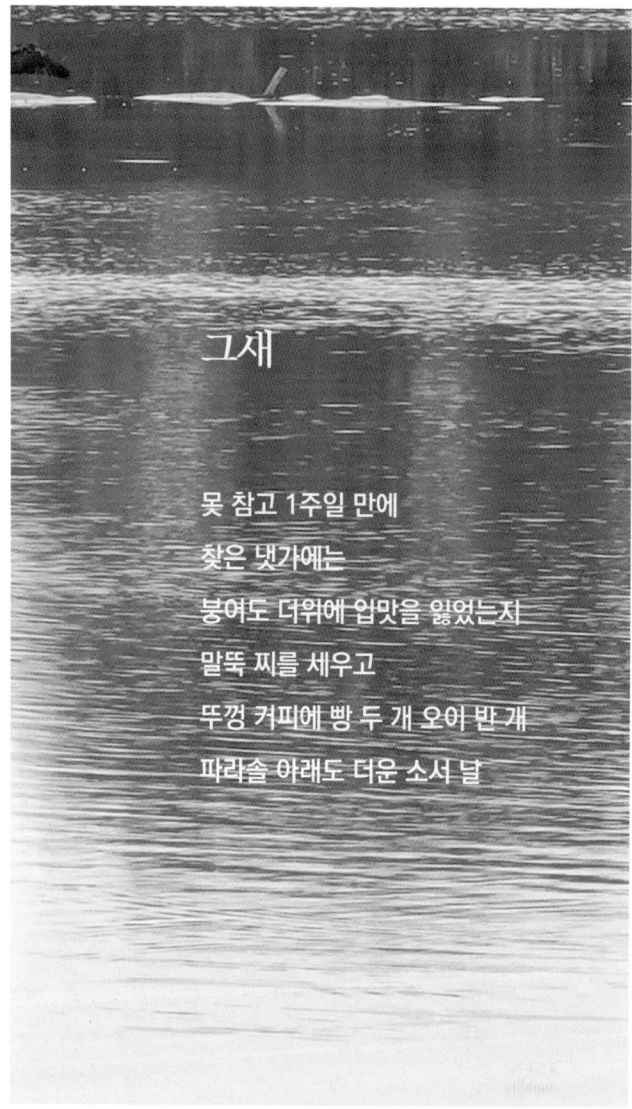

그새

못 참고 1주일 만에
찾은 냇가에는
붕어도 더위에 입맛을 잃었는지
말뚝 찌를 세우고
뚜껑 커피에 빵 두 개 오이 반 개
파라솔 아래도 더운 소서 날

세상에
태어나고 죽은 일만큼은
어쩔 수가 없다

지나는 바람이
흐르는 강물이 뜻이 있을까

살아있으므로
세월에 떠밀려 간다

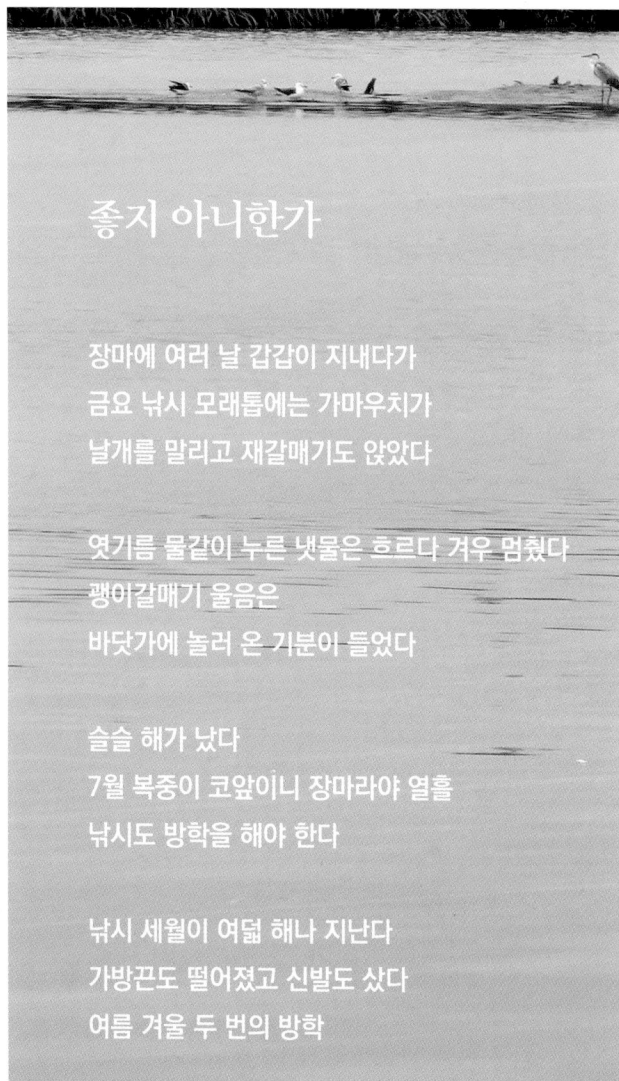

좋지 아니한가

장마에 여러 날 갑갑이 지내다가
금요 낚시 모래톱에는 가마우치가
날개를 말리고 재갈매기도 앉았다

엿기름 물같이 누른 냇물은 흐르다 겨우 멈췄다
괭이갈매기 울음은
바닷가에 놀러 온 기분이 들었다

슬슬 해가 났다
7월 복중이 코앞이니 장마라야 열흘
낚시도 방학을 해야 한다

낚시 세월이 여덟 해나 지난다
가방끈도 떨어졌고 신발도 샀다
여름 겨울 두 번의 방학

소풍 카페

청자 개구리
본데는 있나 봐
발 담그고
찻잔에 책을 보니
그럴 듯

소풍 카페

작은 연못
유월 염천에
피었습니다
발그레 얼굴
홍련입니다

동창

장마 중에도
빨래 말릴 날이 있다는데
청운을 비집고 해가 나려는지
옥수수 너른 밭에 개꼬리
흔들어 반기네

낚시

고기도
가물다는 유월
천변에는 청태가
심심한 잉어는 첨벙
가슴골에 땀 흐른다

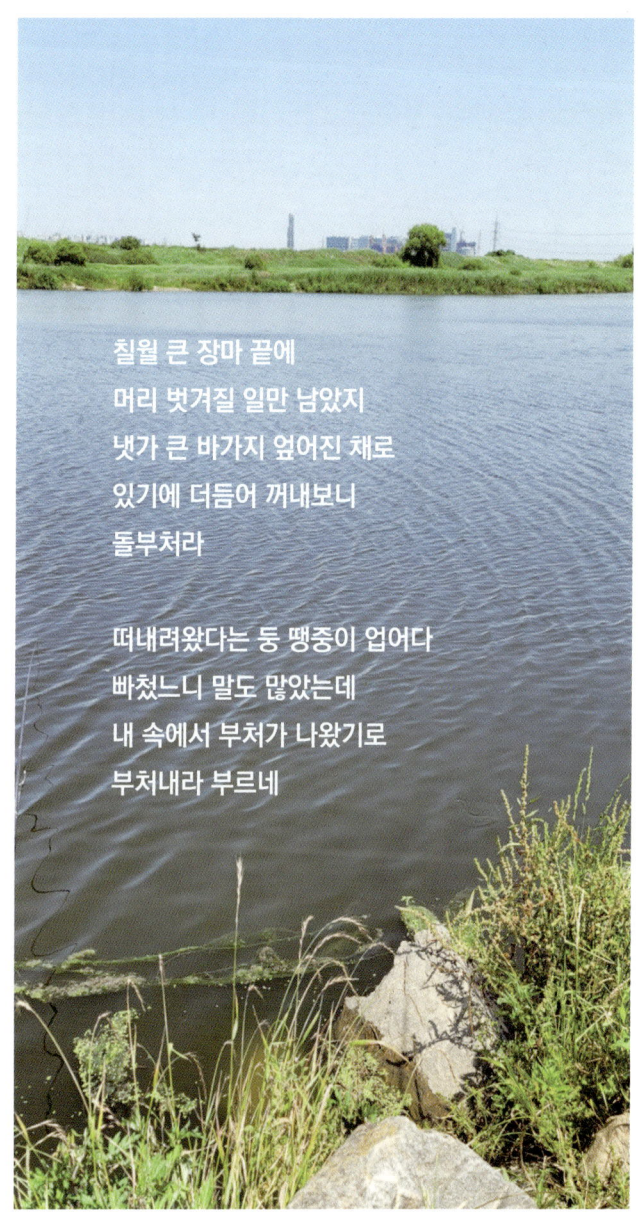

칠월 큰 장마 끝에
머리 벗겨질 일만 남았지
냇가 큰 바가지 엎어진 채로
있기에 더듬어 꺼내보니
돌부처라

떠내려왔다는 둥 땡중이 업어다
빠쳤느니 말도 많았는데
내 속에서 부처가 나왔기로
부처내라 부르네

이름 모를
조그만 연을 얻어왔기로
화분에 심어보길 두 해
진딧물에 주저앉고
죽는다 해서
버렸더니

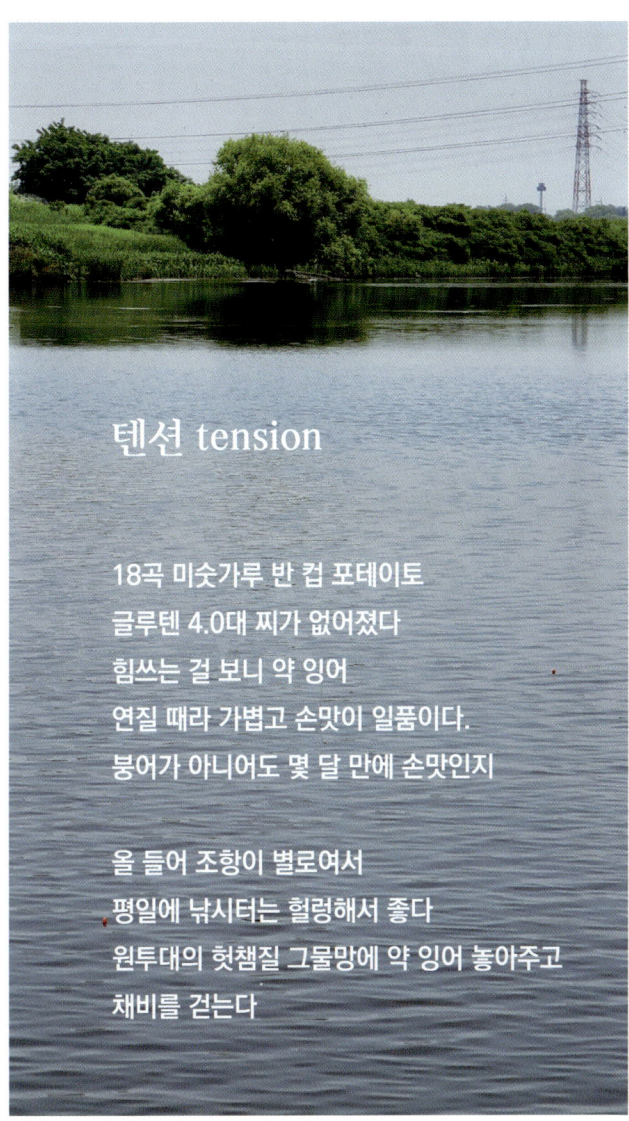

텐션 tension

18곡 미숫가루 반 컵 포테이토
글루텐 4.0대 찌가 없어졌다
힘쓰는 걸 보니 약 잉어
연질 때라 가볍고 손맛이 일품이다.
붕어가 아니어도 몇 달 만에 손맛인지

올 들어 조항이 별로여서
평일에 낚시터는 헐렁해서 좋다
원투대의 헛챔질 그물망에 약 잉어 놓아주고
채비를 걷는다

백로

물버들 천변에
검은 새 싫다고 나는 새야
사람들이 지어낸 얘기지
같이 논다고 검어지나
그만 놀고 오라네

가마우지의 고찰

물 밖에 나와서는 두리번거린다
조사님들 눈치를 보나

물속 물고기를 보고 잠수하기 위한
예비 행동임을 알았다
미련하긴 8년을 줄곧 봤음에도
모르다니
두 발 스키 착수와 도움닫기 비상
물속 유영, 하늘을 바쁘게 나는 모습
머리만 내미는 잠망경

잠수함이 물 위에서 가속하여
큰 날개를 낼 수 있다면

소원

바람이 불면
등 꿰인 물고기는
파란 하늘을 헤엄치고
싶어진다 고작 앞으로 뒤로
붙들려진 운명은 언제나 끝날까

KTX

첫 기차가 갑니다
기찻길 옆에 오래 살아도
타본 적도 타고 싶지도 않습니다
너무 봐서 그런가 봅니다

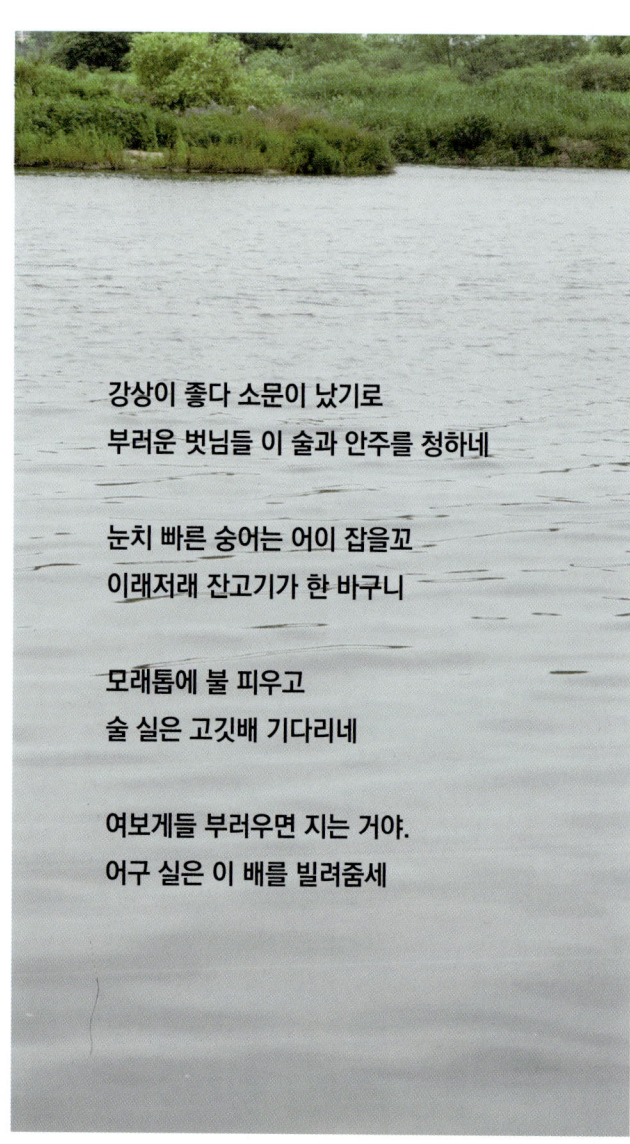

강상이 좋다 소문이 났기로
부러운 벗님들 이 술과 안주를 청하네

눈치 빠른 숭어는 어이 잡을꼬
이래저래 잔고기가 한 바구니

모래톱에 불 피우고
술 실은 고깃배 기다리네

여보게들 부러우면 지는 거야.
어구 실은 이 배를 빌려줌세

* 네온

밤하늘에 십자가는 긴 밤을 지새워
여명을 모으고 동틀 녘에 깊은 잠에 빠진다

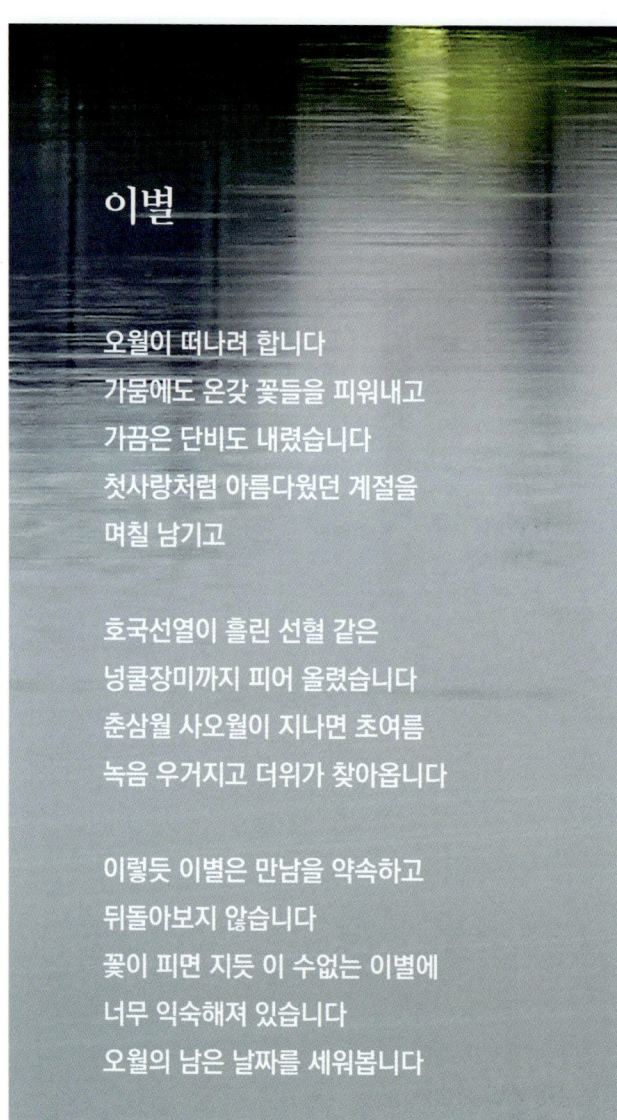

이별

오월이 떠나려 합니다
가뭄에도 온갖 꽃들을 피워내고
가끔은 단비도 내렸습니다
첫사랑처럼 아름다웠던 계절을
며칠 남기고

호국선열이 흘린 선혈 같은
넝쿨장미까지 피어 올렸습니다
춘삼월 사오월이 지나면 초여름
녹음 우거지고 더위가 찾아옵니다

이렇듯 이별은 만남을 약속하고
뒤돌아보지 않습니다
꽃이 피면 지듯 이 수없는 이별에
너무 익숙해져 있습니다
오월의 남은 날짜를 세워봅니다

대화

입질 좀 받으셨어요
올해는 윤달이 들어서인지
조항이 별로네요
누가 그러데요
아 그래요

아침에 뜨는 해와
날마다 새로운 희망이 없다면
우린 어찌 살거나
낚시꾼이 고기 잡는 기대가 없다면
지루해서 종일 찌를 보겠는가
희망과 도전이 살게 한다

노랑과 깜장

두 사람이나
잉어를 잡았다 해서
둠벙에 앉았다네
내게도 잡힐까
희망을 품고

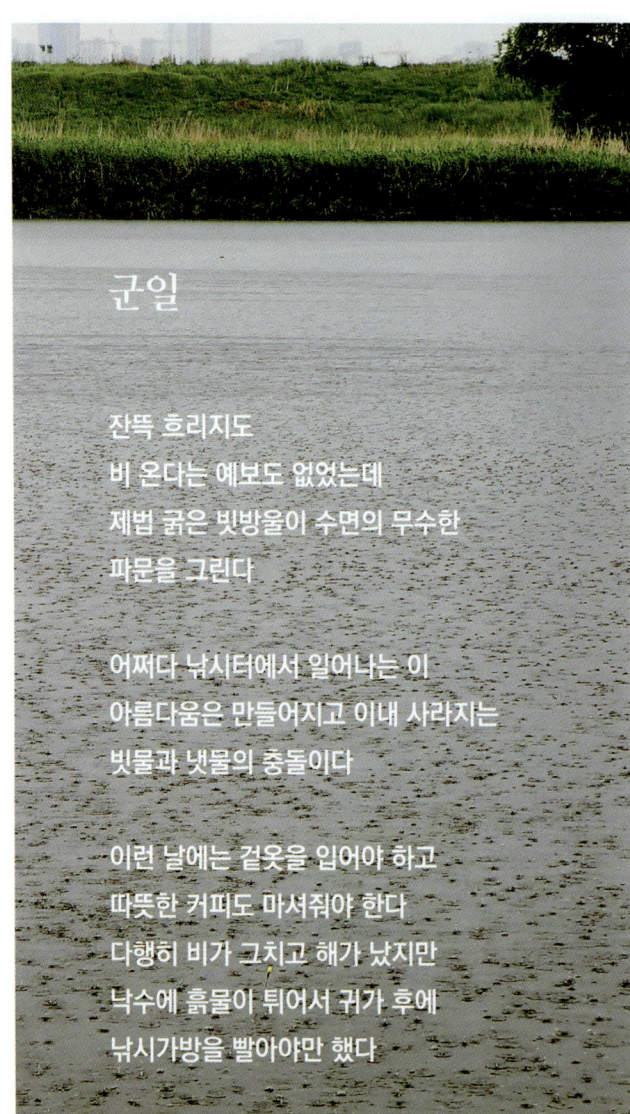

군일

잔뜩 흐리지도
비 온다는 예보도 없었는데
제법 굵은 빗방울이 수면의 무수한
파문을 그린다

어쩌다 낚시터에서 일어나는 이
아름다움은 만들어지고 이내 사라지는
빗물과 냇물의 충돌이다

이런 날에는 겉옷을 입어야 하고
따뜻한 커피도 마셔줘야 한다
다행히 비가 그치고 해가 났지만
낙수에 흙물이 튀어서 귀가 후에
낚시가방을 빨아야만 했다

엉겅퀴

염치불구하고

수선화 군락에 자릴 잡고

억센 가시로 자리를 넓힌다

가시에 찔리며 잎사귀 뜯어다

물레를 타던 공주가 신데렐라였나

눈물 나겠지

오랜 세월
견디어 온 문 이러라
젖소가 사람이 온갖 것이
드나들었지
겨우겨우 여닫는 문이
떨어져 넘어지면

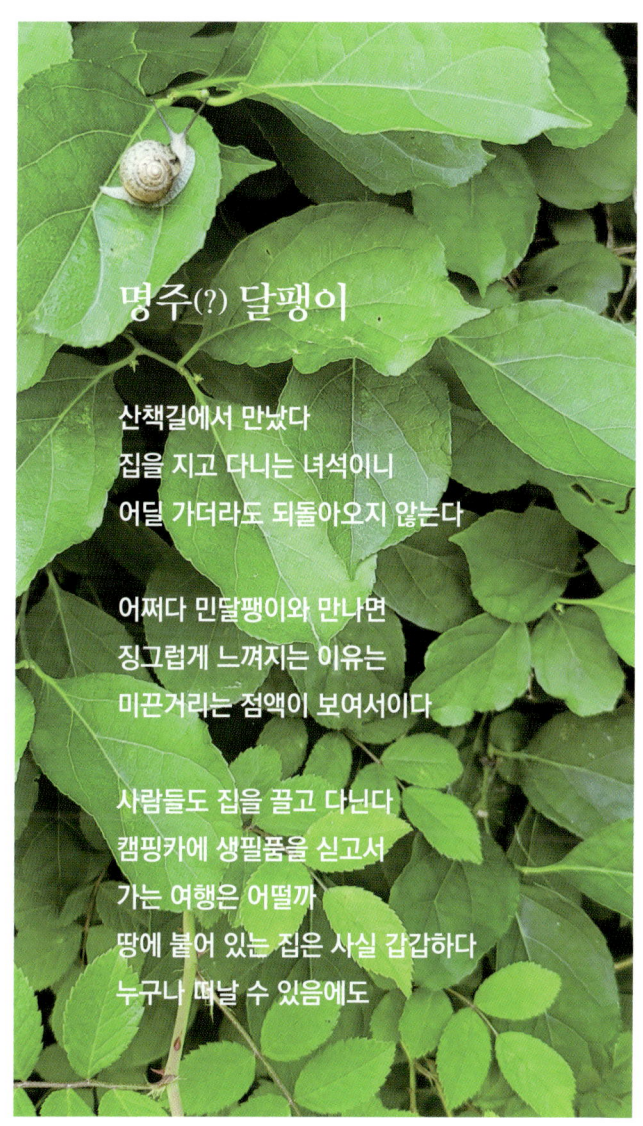

명주(?) 달팽이

산책길에서 만났다
집을 지고 다니는 녀석이니
어딜 가더라도 되돌아오지 않는다

어쩌다 민달팽이와 만나면
징그럽게 느껴지는 이유는
미끈거리는 점액이 보여서이다

사람들도 집을 끌고 다닌다
캠핑카에 생필품을 싣고서
가는 여행은 어떨까
땅에 붙어 있는 집은 사실 갑갑하다
누구나 떠날 수 있음에도

한새~ 큰 새

한새야
네가 수문장이냐
다리 벌려 뒷짐 지고
보고도 안 본 체
키도 크다

멍

어쩌다
흐린다더니
가뭄에 약비가 내렸다
황급히 파라솔을 펴고 나니
오다 말다 개었다

이어 금요 낚시 와서는
인천 용인 서울서 왔다는 조사님을 만났다
초여름에 들어선 낚시터는
의외로 헐렁하다

안 잡힌단 소문이 났겠지
멍 때리다가 불멍 물멍으로
나뉘고 보면 낚시가 처음인걸
나중에야 드러났다

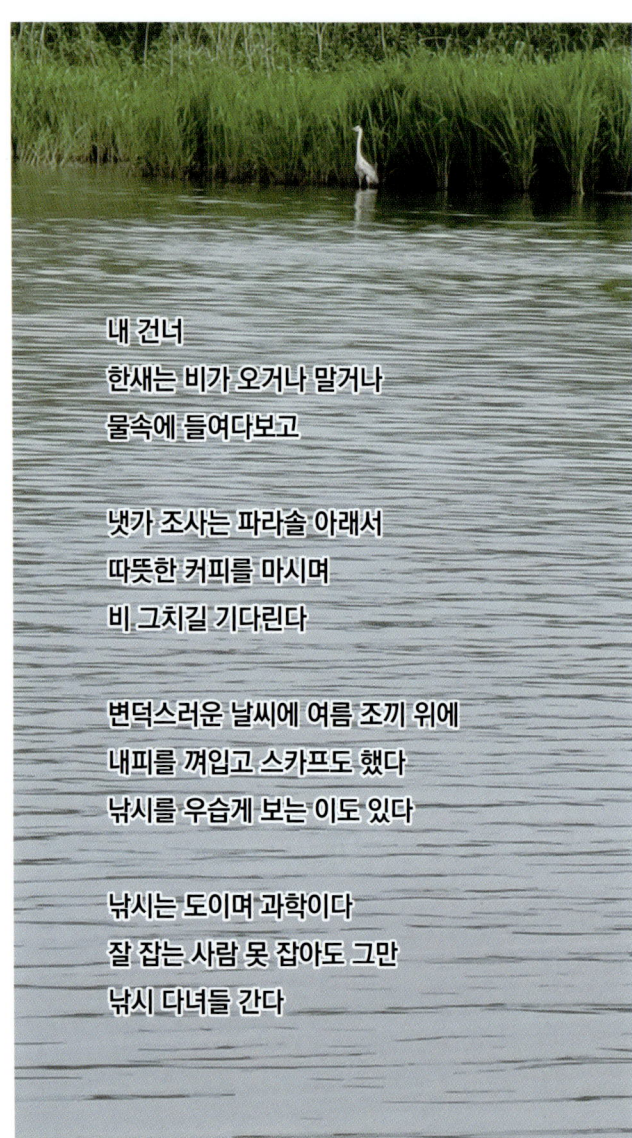

내 건너
한새는 비가 오거나 말거나
물속에 들여다보고

냇가 조사는 파라솔 아래서
따뜻한 커피를 마시며
비 그치길 기다린다

변덕스러운 날씨에 여름 조끼 위에
내피를 껴입고 스카프도 했다
낚시를 우습게 보는 이도 있다

낚시는 도이며 과학이다
잘 잡는 사람 못 잡아도 그만
낚시 다녀들 간다

아카시아 꽃이 피면

찔레도 피어나서 천지사방

향내가 진동한다

붉은 찔레꽃

들장미다

계절의 여왕

오월의 태양은
무한한 생명을 키워낸다
차례로 꽃을 피우고
녹음으로 덮어서
여름을 보인다

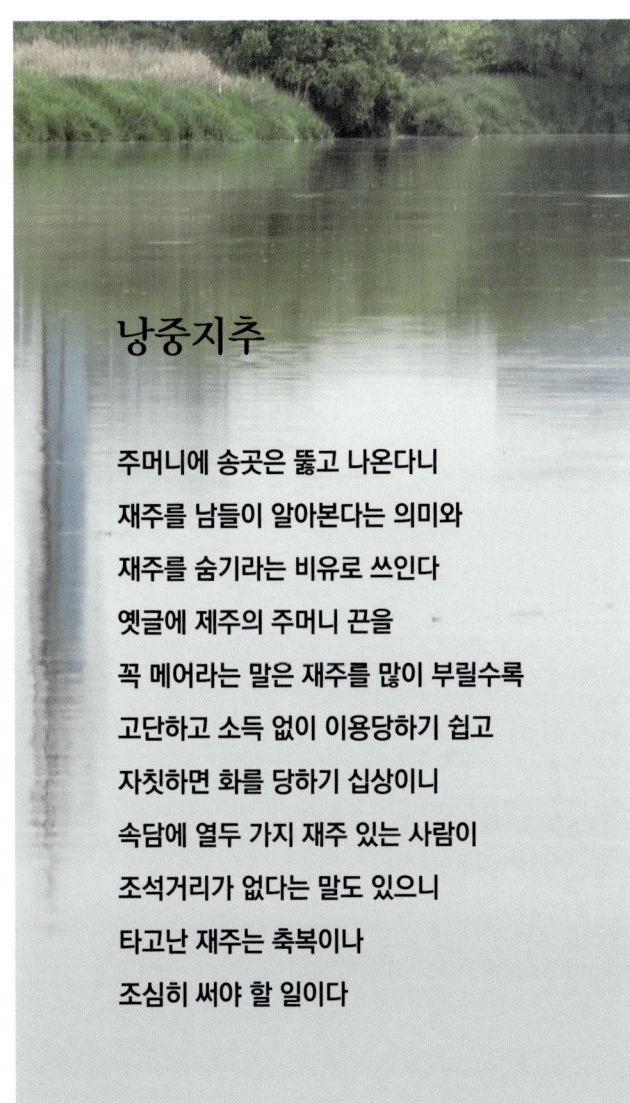

낭중지추

주머니에 송곳은 뚫고 나온다니
재주를 남들이 알아본다는 의미와
재주를 숨기라는 비유로 쓰인다
옛글에 제주의 주머니 끈을
꼭 메어라는 말은 재주를 많이 부릴수록
고단하고 소득 없이 이용당하기 쉽고
자칫하면 화를 당하기 십상이니
속담에 열두 가지 재주 있는 사람이
조석거리가 없다는 말도 있으니
타고난 재주는 축복이나
조심히 써야 할 일이다

열두 시 오 분

주머니에
휴대폰이 없다
85%에서 100%로
채운다고 충전기에 꽂아놓고
그냥 온 것이 생각났다

지금 몇 시예요?
그건 원시적 얘기다
배꼽시계에 빵 먹고 커피
때리고 바람 속에 앉았다가
챙겨서 차에 오르니

누가 보나 마나
두 발 스키로
착수도 잘하고
날갯짓 도움닫기
이수도 볼거리다

잠수해서
물고기가 잘 잡아
연신 잡아서 삼키고는
두리번 눈치를 본다
가마우치

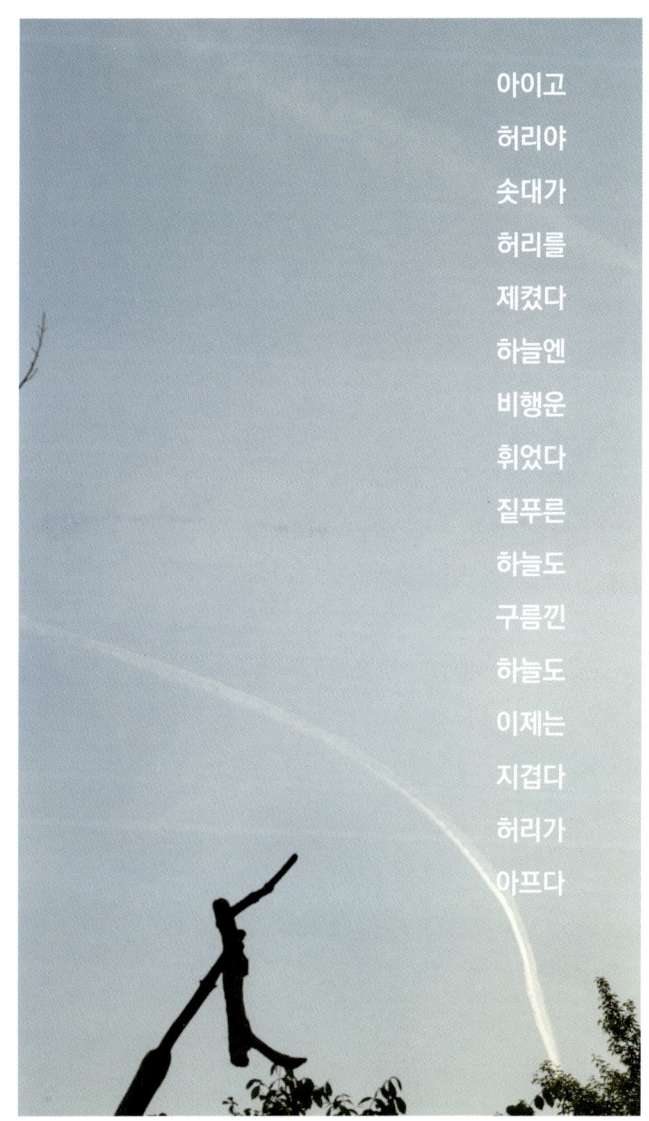

아이고
허리야
솟대가
허리를
제켰다
하늘엔
비행운
휘었다
짙푸른
하늘도
구름낀
하늘도
이제는
지겹다
허리가
아프다

5월에 시작
아침노을 무논이 붉다
근로자의 날이라 서두른 출조
올 들어 처음으로 파라솔을
세우고 반그늘에 앉았다

숨결

쇠다리
철거가 끝나고
평화가 찾아와서
모래톱에 가마우지다
미풍이 속삭이 듯 간지러운

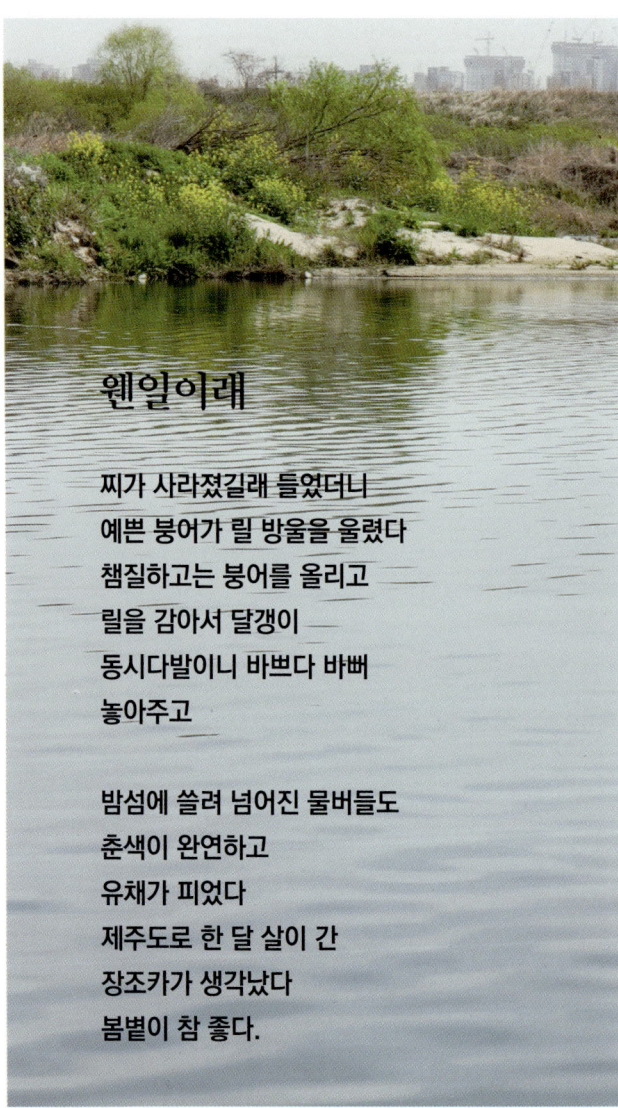

웬일이래

찌가 사라졌길래 들었더니
예쁜 붕어가 릴 방울을 울렸다
챔질하고는 붕어를 올리고
릴을 감아서 달갱이
동시다발이니 바쁘다 바빠
놓아주고

밤섬에 쓸려 넘어진 물버들도
춘색이 완연하고
유채가 피었다
제주도로 한 달 살이 간
장조카가 생각났다
봄볕이 참 좋다.

명자나무

해가 나더니
직박구리 한 마리
이 꽃 저 꽃 찌르고
비 올 바람이 키질을 시켜도
애기씨 꽃 붉기만 하네

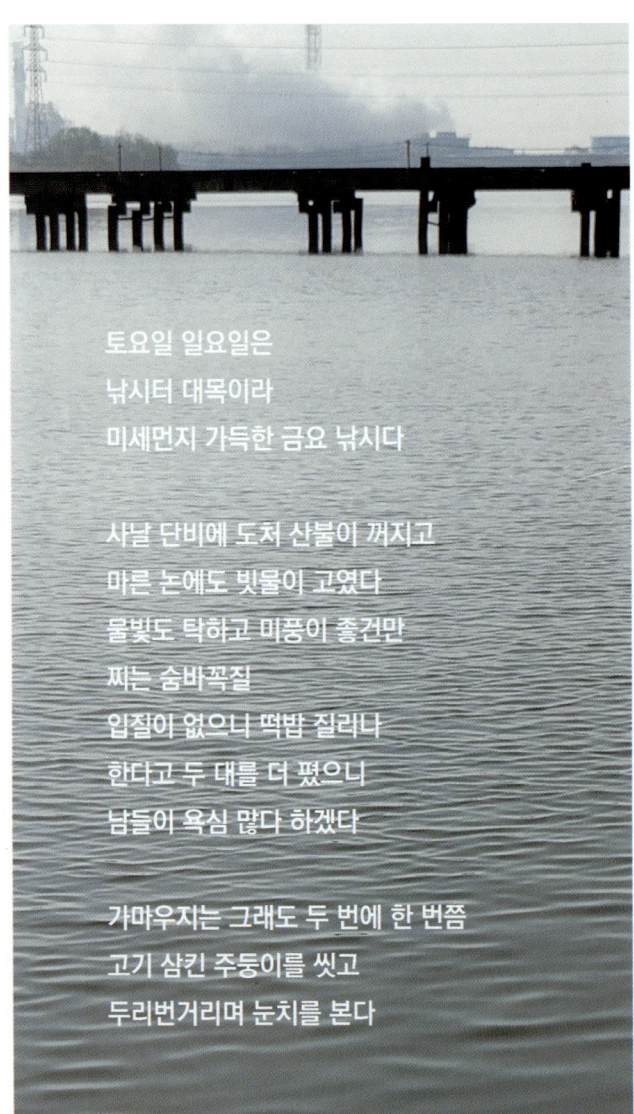

토요일 일요일은
낚시터 대목이라
미세먼지 가득한 금요 낚시다

사날 단비에 도처 산불이 꺼지고
마른 논에도 빗물이 고였다
물빛도 탁하고 미풍이 좋건만
찌는 숨바꼭질
입질이 없으니 떡밥 질리나
한다고 두 대를 더 폈으니
남들이 욕심 많다 하겠다

가마우지는 그래도 두 번에 한 번쯤
고기 삼킨 주둥이를 씻고
두리번거리며 눈치를 본다

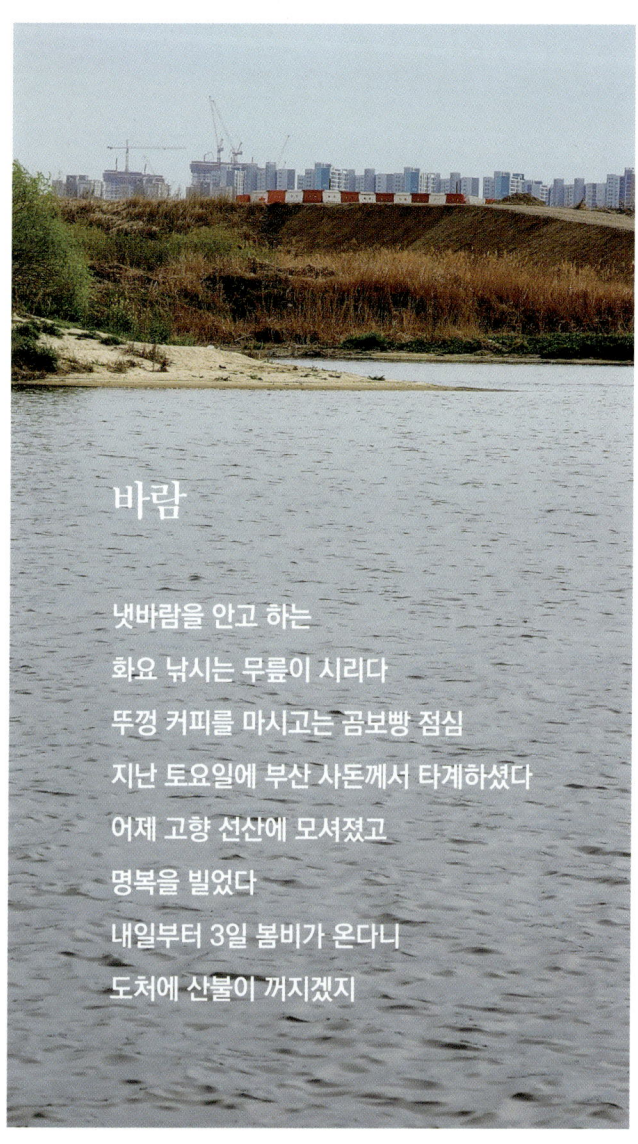

바람

냇바람을 안고 하는
화요 낚시는 무릎이 시리다
뚜껑 커피를 마시고는 곰보빵 점심
지난 토요일에 부산 사돈께서 타계하셨다
어제 고향 선산에 모셔졌고
명복을 빌었다
내일부터 3일 봄비가 온다니
도처에 산불이 꺼지겠지

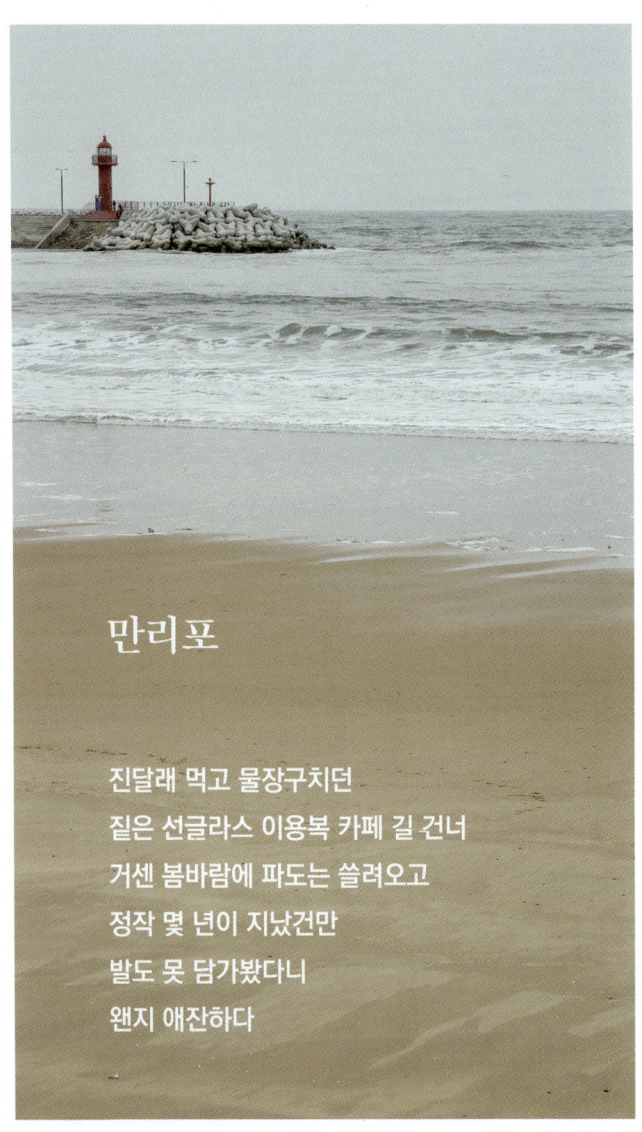

만리포

진달래 먹고 물장구치던
짙은 선글라스 이용복 카페 길 건너
거센 봄바람에 파도는 쓸려오고
정작 몇 년이 지났건만
발도 못 담가봤다니
왠지 애잔하다

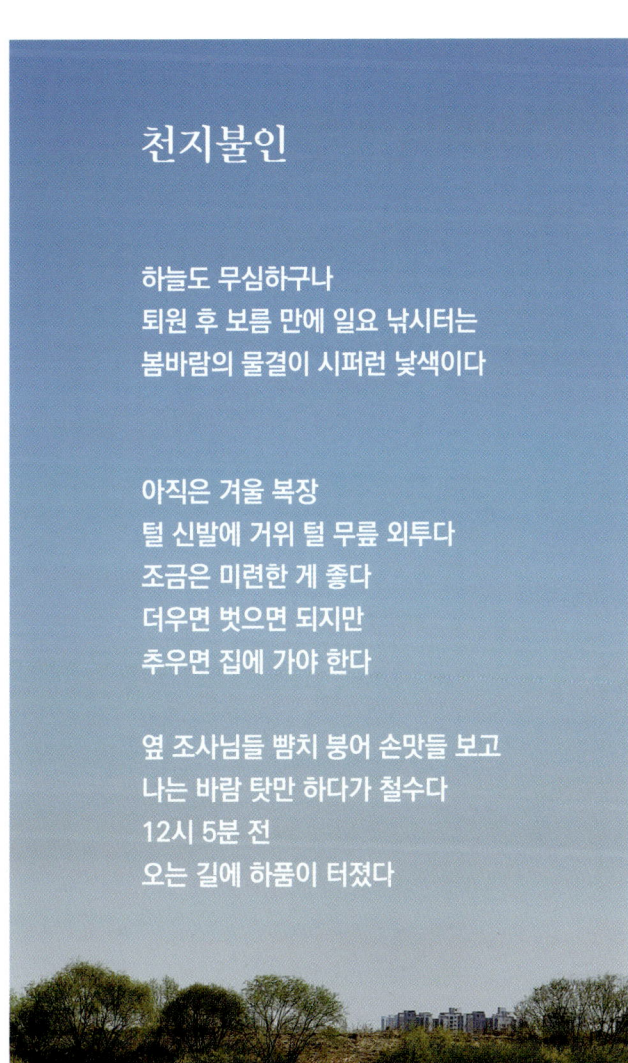

천지불인

하늘도 무심하구나
퇴원 후 보름 만에 일요 낚시터는
봄바람의 물결이 시퍼런 낯색이다

아직은 겨울 복장
털 신발에 거위 털 무릎 외투다
조금은 미련한 게 좋다
더우면 벗으면 되지만
추우면 집에 가야 한다

옆 조사님들 뺨치 붕어 손맛들 보고
나는 바람 탓만 하다가 철수다
12시 5분 전
오는 길에 하품이 터졌다

5월이 오면

보랏빛 등꽃이 핀다

은하수 별처럼 많은 꽃의

향연은 수많은 벌의 날갯짓 소리가

잔잔하게 이어지고

꿀 내음에 취한다

수선화

봄은 그리 만만치 않습니다
산수유며 백매화가
꽃샘추위에 움츠린 사이

그네터 뒤
노란 수선화가
기세 좋게 행진합니다
헛둘 헛둘 제자리걸음
제자리 섯

남양주가 친정인 딸 부잣집
아홉 자매 중에
문화원장이 계시다니
마음 씀이 다르다 했다

일사불란 한날한시에
꽃 인사
춘삼월의 꽃 선물
소대 쉬어!

산수유

꽃이 피네
전에는 매화보다
일찍이 피었건만은
올해는 매화가 부지런을 떨었다

매화는 매실청을 담근다고
가물면 물 주고 칭찬하지만
나는야 마당 끝에 겨우 서 있네

마주
보는 두 그루의
빨간 열매로 익자마자
동네 새들이 찾아와서는
모조리 먹어 치우니
좋은 일이긴 하지

* 꽃말 영원한 불멸의 사랑

옥매

봄내
꽃망울 키우다가
봄비 내려 어둑한 날

그대여
수줍은 미소로
날 찾아오셨는가

눈 내리면 설매
추운 겨울에는 한매
꽃 필 때면 춘매

사군자 배울 적에
매란국죽 백 매화와
가랑비 내리는 아침
빗방울도 부끄러이
달렸다

* 노매 : 늙은 매실나무

봄

봄이 보인다

추위가 누그러질 때면

매년마다 해란 꽃 한 줄기

은사님께 받은 지 어언 20년

향기로운 봄 편지다

딸이

가져다준 덴드롱

꽃나무 붉은 입술을 내미니

봄 들어 첫 꽃 유난히 눈길이 간다

실내에 들이면서 잔가지를

모조리 쳐 냈는데

새순에서

* 꽃말 : 우아한 여인

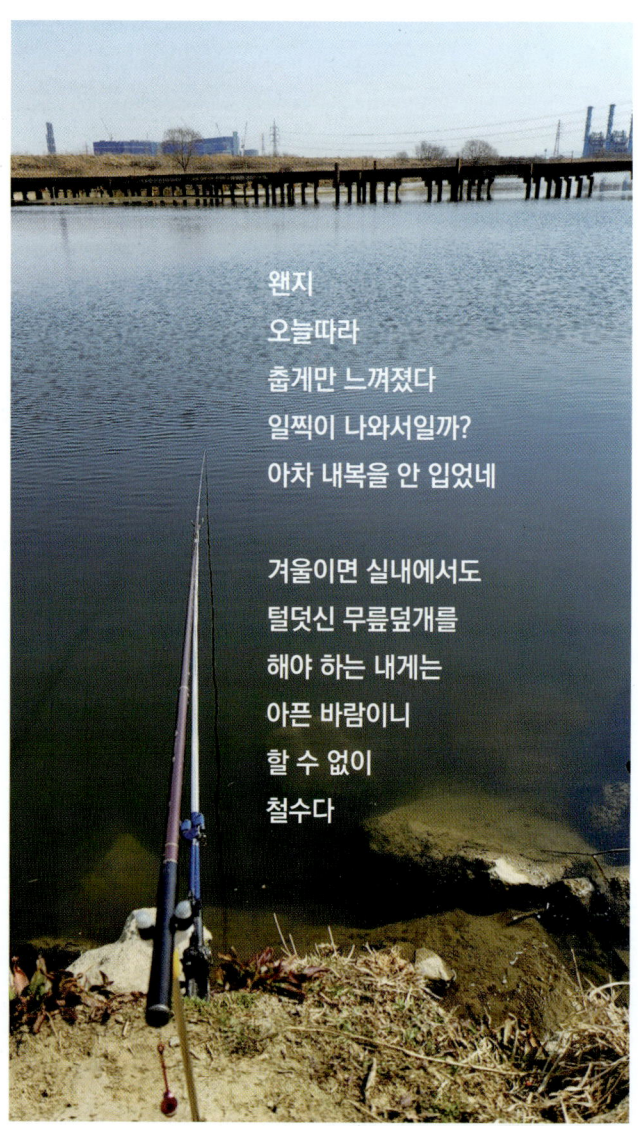

왠지
오늘따라
춥게만 느껴졌다
일찍이 나와서일까?
아차 내복을 안 입었네

겨울이면 실내에서도
털덧신 무릎덮개를
해야 하는 내게는
아픈 바람이니
할 수 없이
철수다

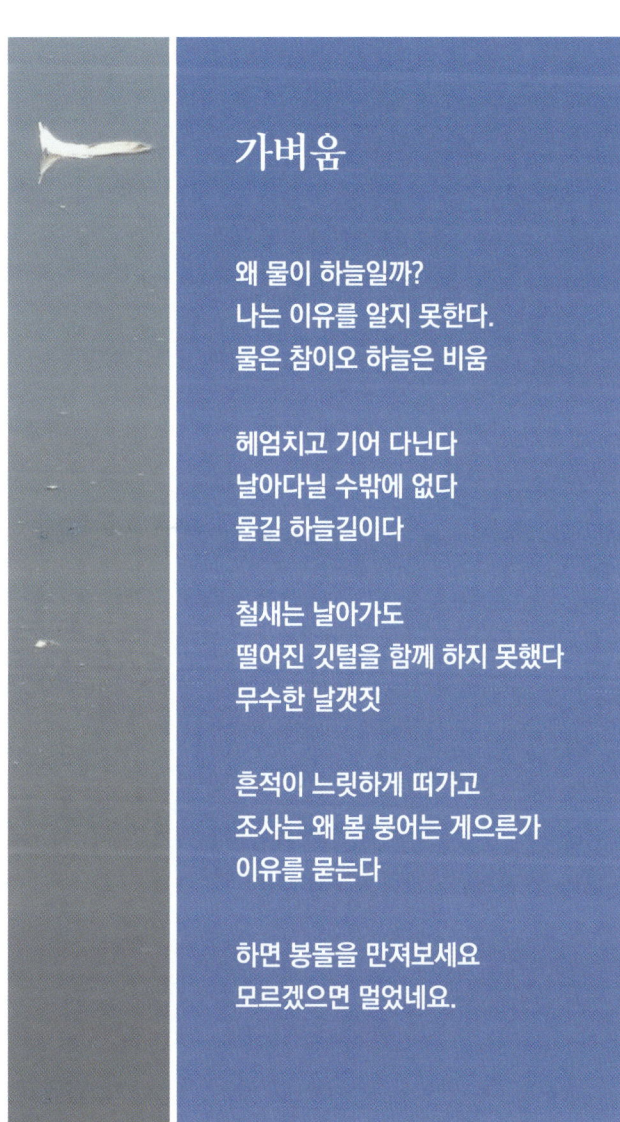

가벼움

왜 물이 하늘일까?
나는 이유를 알지 못한다.
물은 참이오 하늘은 비움

헤엄치고 기어 다닌다
날아다닐 수밖에 없다
물길 하늘길이다

철새는 날아가도
떨어진 깃털을 함께 하지 못했다
무수한 날갯짓

흔적이 느릿하게 떠가고
조사는 왜 봄 붕어는 게으른가
이유를 묻는다

하면 봉돌을 만져보세요
모르겠으면 멀었네요.

일요 낚시터는 빼곡하다

울긋불긋 대낚시 구역하고

우중충 쪼르르 앉은 릴 낚시터는

부지런한 조사님들 차지다

메고 들고 다니다가

겨우 앉은 자리는

입질도 없고

찌

찌는 마디가 있다
어신을 보기 위해 수심에
맞춰 올리고 내리 길
원줄 아래위 찌 맞춤 고무가
있어서이다

봉돌의 무게와 찌의 부력,
높이를 찌 맞춤이라 하고
이는 조과에 상당한 영향을 미친다

시인성을 좋게 하기 위해
주간 표시 야간 표시등을 달고
손상되면 교체하지만
오래 쓰다 보면 정이 들고
버리지 못한다
물에 띄우는 한 줄기 꽃이다

어미와 딸을 용케도 찍었다
유난히 낯가림이 심한 터였다
평석 위 큰 사기그릇에 공양 밥이
담기길 기다리는 중이다

첫 배 세 마리는 누구 짓인지
무참히 죽임을 당하고
두 번째 세 마리 중에
못난 애가 살아남아 효녀 한다
조석은 목우사 보살님이 챙긴다
오고 감이 한가지려니
한 집 식구다

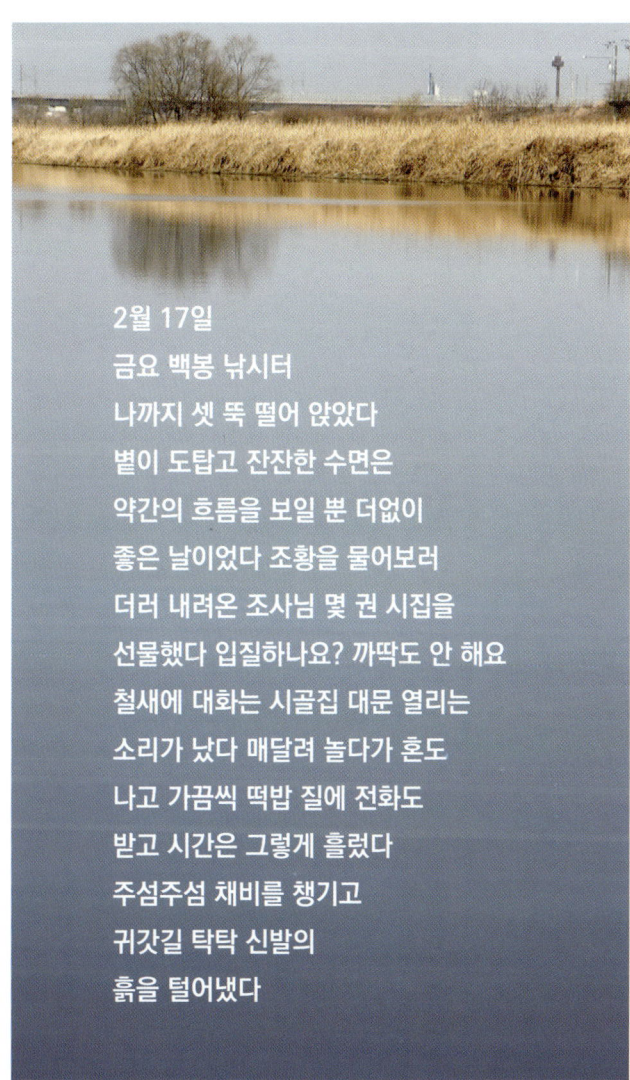

2월 17일
금요 백봉 낚시터
나까지 셋 뚝 떨어 앉았다
볕이 도탑고 잔잔한 수면은
약간의 흐름을 보일 뿐 더없이
좋은 날이었다 조황을 물어보러
더러 내려온 조사님 몇 권 시집을
선물했다 입질하나요? 까딱도 안 해요
철새에 대화는 시골집 대문 열리는
소리가 났다 매달려 놀다가 혼도
나고 가끔씩 떡밥 질에 전화도
받고 시간은 그렇게 흘렀다
주섬주섬 채비를 챙기고
귀갓길 탁탁 신발의
흙을 털어냈다

5월에 모란꽃이여!

푸른 잎에 붉기도 하여라

부귀영화 좋다지만 옮기면

3년 꽃 피기 어려워라

꽃 그림 네 점에 벌 나비가 없기로

분명 향기가 없을 거예요

덕만 공주는 선덕여왕이시네

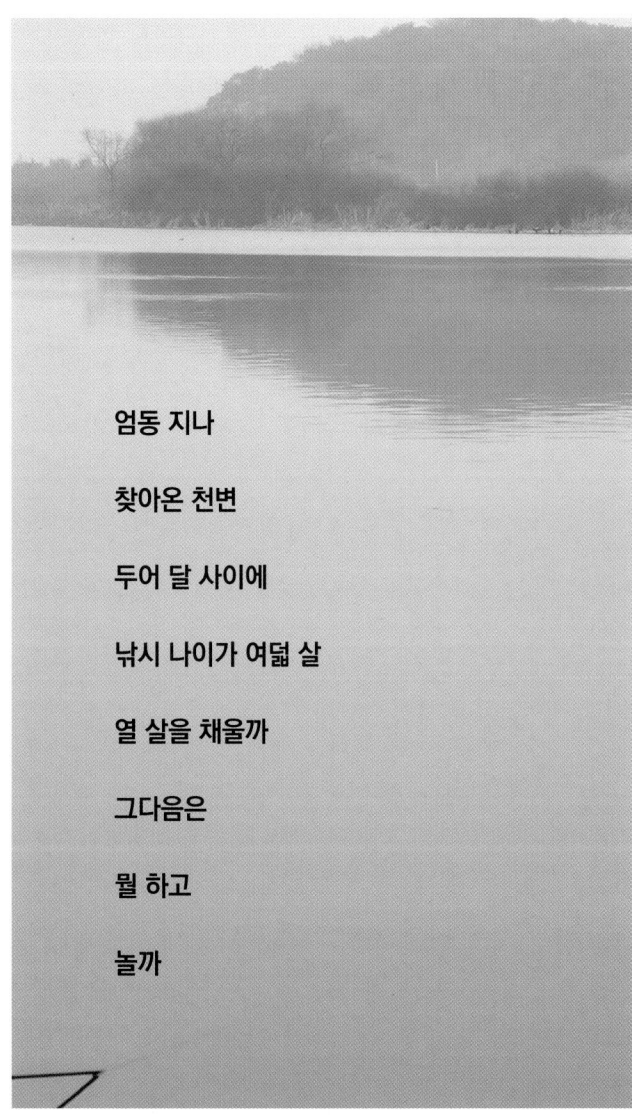

엄동 지나

찾아온 천변

두어 달 사이에

낚시 나이가 여덟 살

열 살을 채울까

그다음은

뭘 하고

놀까

입춘이 지나길
대엿 새
꾼의 마음은 조급해
봄맞이
낚시터에는 인산인해
빈자리
해 없는 일요일에
마스크
미세먼지도
가득해

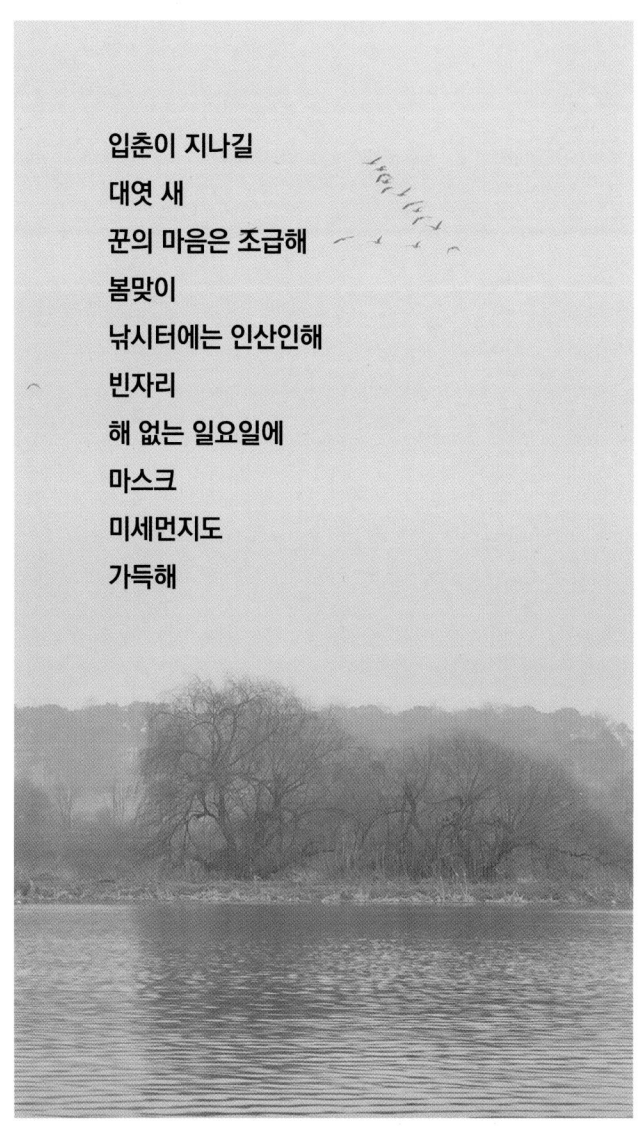

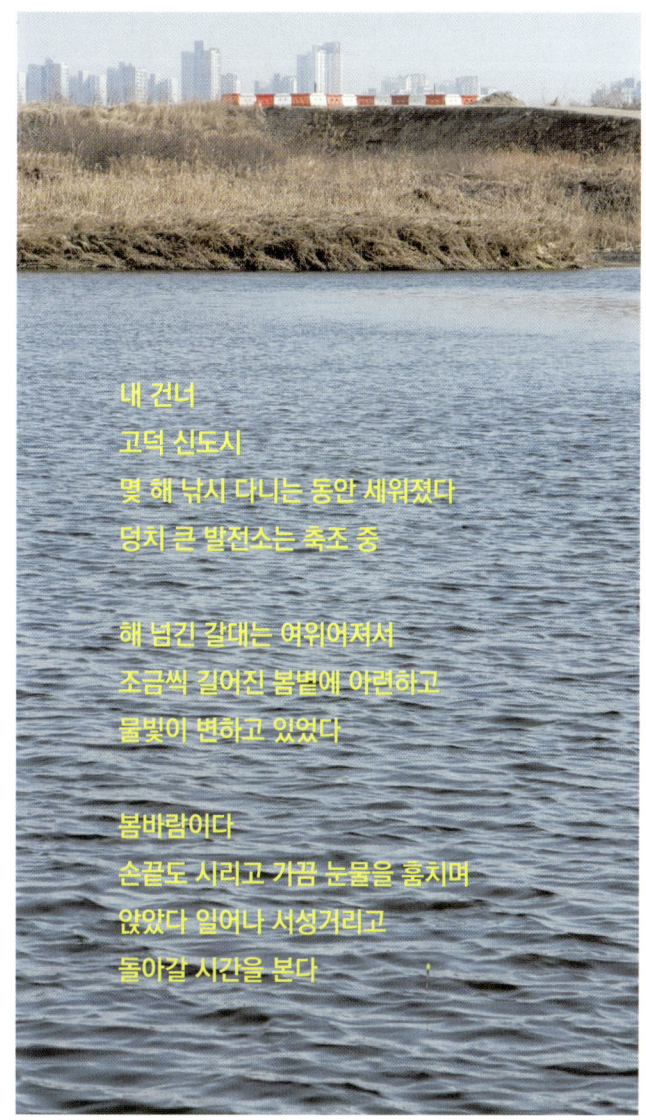

내 건너
고덕 신도시
몇 해 낚시 다니는 동안 세워졌다
덩치 큰 발전소는 축조 중

해 넘긴 갈대는 여위어져서
조금씩 길어진 봄볕에 아련하고
물빛이 변하고 있었다

봄바람어다
손끝도 시리고 가끔 눈물을 훔치며
앉았다 일어나 서성거리고
돌아갈 시간을 본다

핀 꽃도
- - - -
시드는 꽃도
- - - - - -
아름답다
- - - -
꽃이기에
- - - -

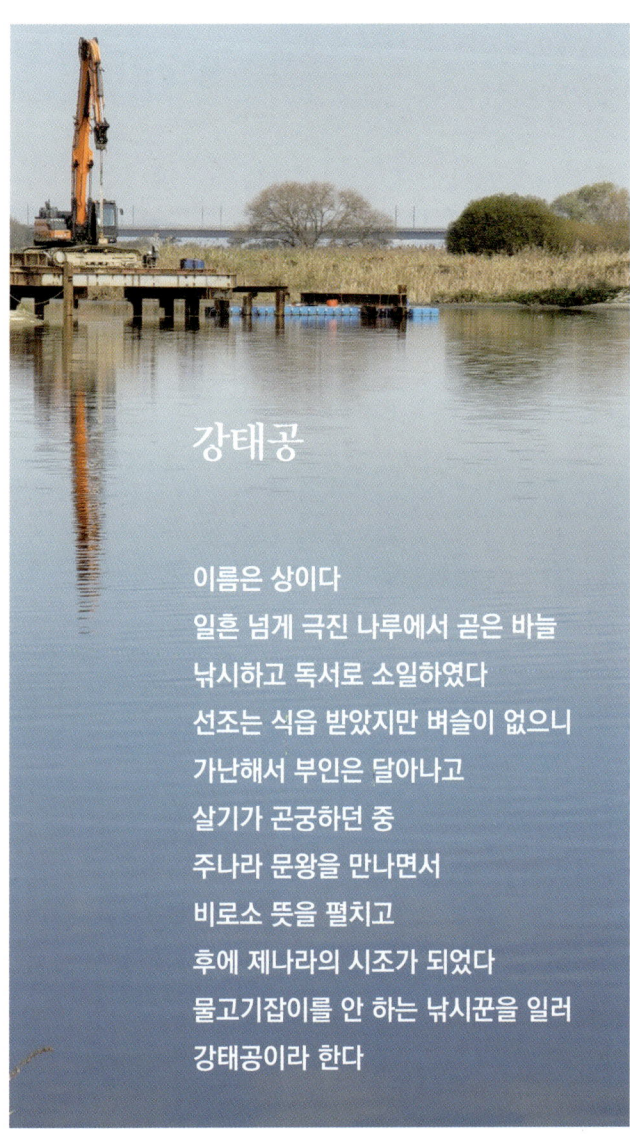

강태공

이름은 상이다
일흔 넘게 극진 나루에서 곧은 바늘
낚시하고 독서로 소일하였다
선조는 식읍 받았지만 벼슬이 없으니
가난해서 부인은 달아나고
살기가 곤궁하던 중
주나라 문왕을 만나면서
비로소 뜻을 펼치고
후에 제나라의 시조가 되었다
물고기잡이를 안 하는 낚시꾼을 일러
강태공이라 한다

지난여름

추억이 되살아난다
파라솔 설치가 조사님들의 대지
예술이라 할 수 있음은

너나 할 것 없이
땅에다 박아서 펼쳐 보이니
여름날에 볼만한 전시였다

어떤 의도가 없으니 기획이 없어도
어찌나 미적 조화를 이루는지
절로 감탄을 자아낸다

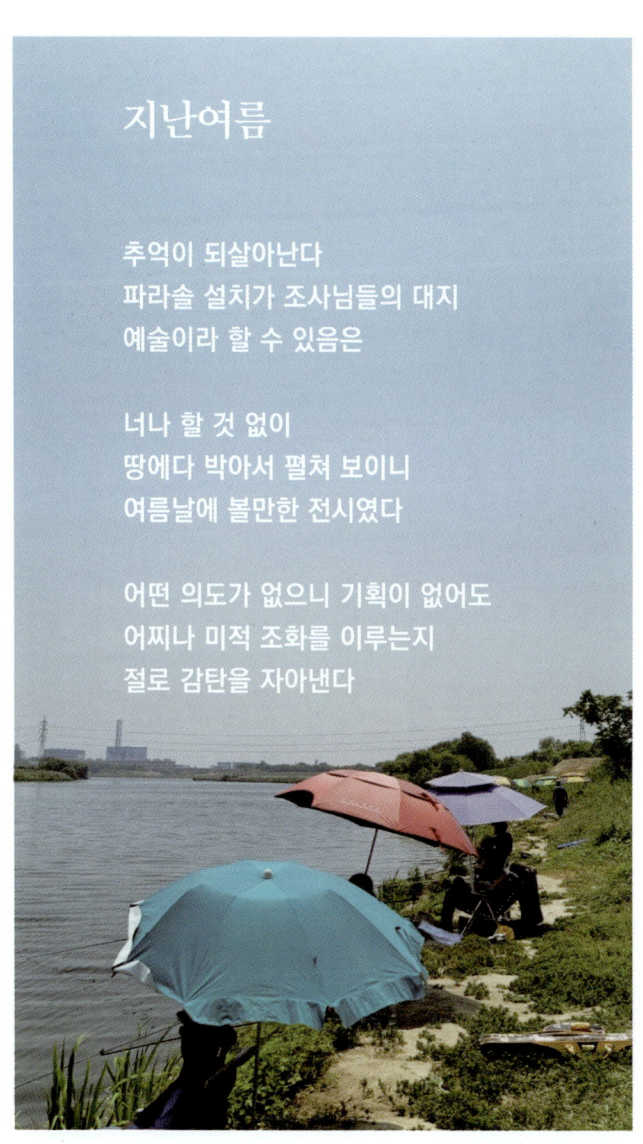

색즉시공

높은 하늘이 왜
파란지 아시오

깊은 물이 왜
파란지 아시오

눈앞의 하늘이 파랗고
얕은 물이 파랗다면
뭔가 보이겠소

희어야 보이지요
멀고 깊은 곳이 다 보인다면
어찌 되겠소

아니 파란색이 아니면
무슨 색이 좋으리오
맑고 청빈하게 살라는
뜻이라오

나무는
왜 나무라 했을까?
얼핏 생각에
나하고 동무의 줄임말인가
언제 보아도 질리지 않으며
늘 새롭게 무언으로 가르침을 준다
꽃과 새잎으로 희망을 시원한 그늘
바람으로 배려를 잎 떨구어
무욕의 지혜를

솔

서재방 건너 긴 밭고랑 끝

혼자서 누굴 기다리나

동짓달 진눈깨비 젖은 눈

무겁기도 해라

무더위에 청솔이며

엄동에는 설송이니

몸속에 옹이 품고

송진은 백 년 간다

내 너를 기꺼워하니

외솔이라 쓸쓸하랴

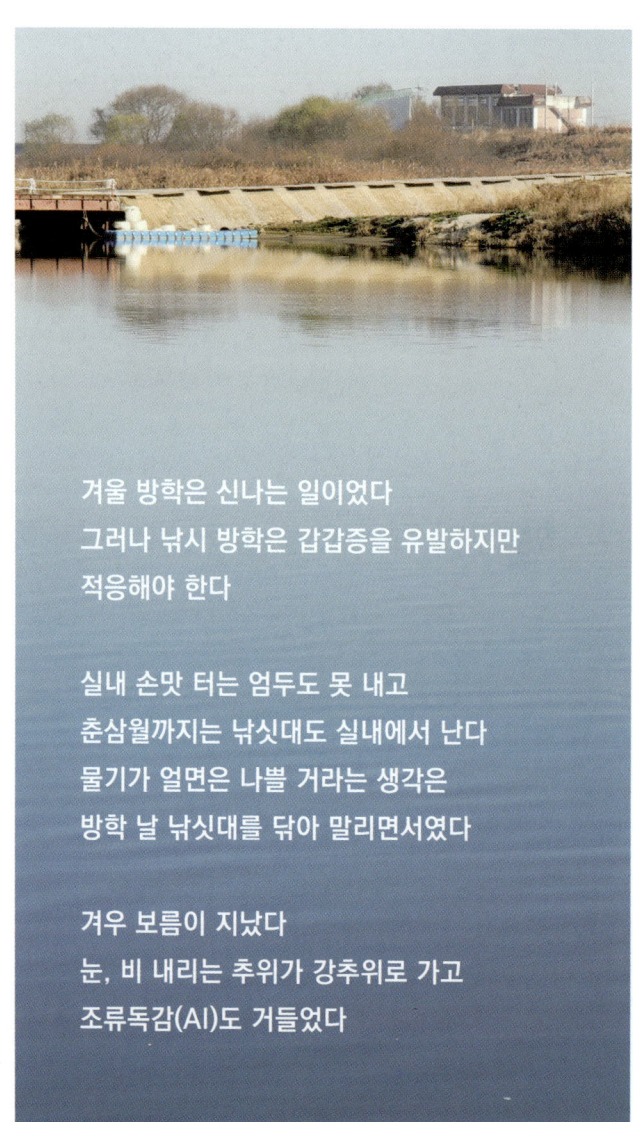

겨울 방학은 신나는 일이었다
그러나 낚시 방학은 갑갑증을 유발하지만
적응해야 한다

실내 손맛 터는 엄두도 못 내고
춘삼월까지는 낚싯대도 실내에서 난다
물기가 얼면은 나쁠 거라는 생각은
방학 날 낚싯대를 닦아 말리면서였다

겨우 보름이 지났다
눈, 비 내리는 추위가 강추위로 가고
조류독감(AI)도 거들었다

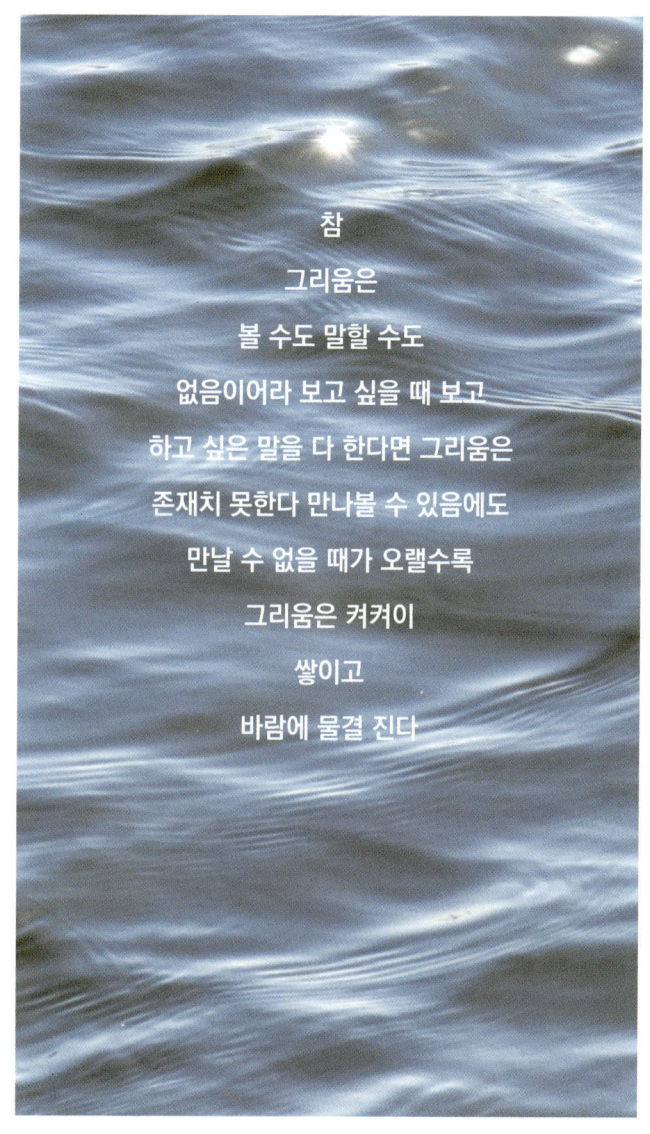

참

그리움은

볼 수도 말할 수도

없음이어라 보고 싶을 때 보고

하고 싶은 말을 다 한다면 그리움은

존재치 못한다 만나볼 수 있음에도

만날 수 없을 때가 오랠수록

그리움은 켜켜이

쌓이고

바람에 물결 진다

둘 중에 하나

잡힌 물고기를
살림 그물망에 넣는 사람은
어망을 쏟아 살려주든지
부탁받았다고 가져가든지
집에 가져가는 조사는
거의 없다

잡아넣는 재미에 그물망을 담
그면
말려야 하는 수고가 생긴다

가방에 넣지 말아야지
어쩌다 대어가 잡히면
아까워서 담가볼 마음에
챙기기도 한다

운명의 갈림길에 놓인다
살든지 죽든지

내일이 대설

첫눈이 와요
너무나 얌전히요
희미한 기억 속의
그녀처럼요

알파벳 R

지난 일요일 낚시터에서
R을 발견하고는
리턴return이 생각났다

돌아간다는 일은 아름답다
원래의 모습을 되찾는
일이기 때문이다

지난 세월이 돌이킬 수 없듯
고향도 떠난 지 오래면
돌아가지 못하는가 보다

상류 전투비행장에서
떠내려왔을 성싶다
주워다가 헌 축사 문에
박고 보니
쓸쓸함만 남는다

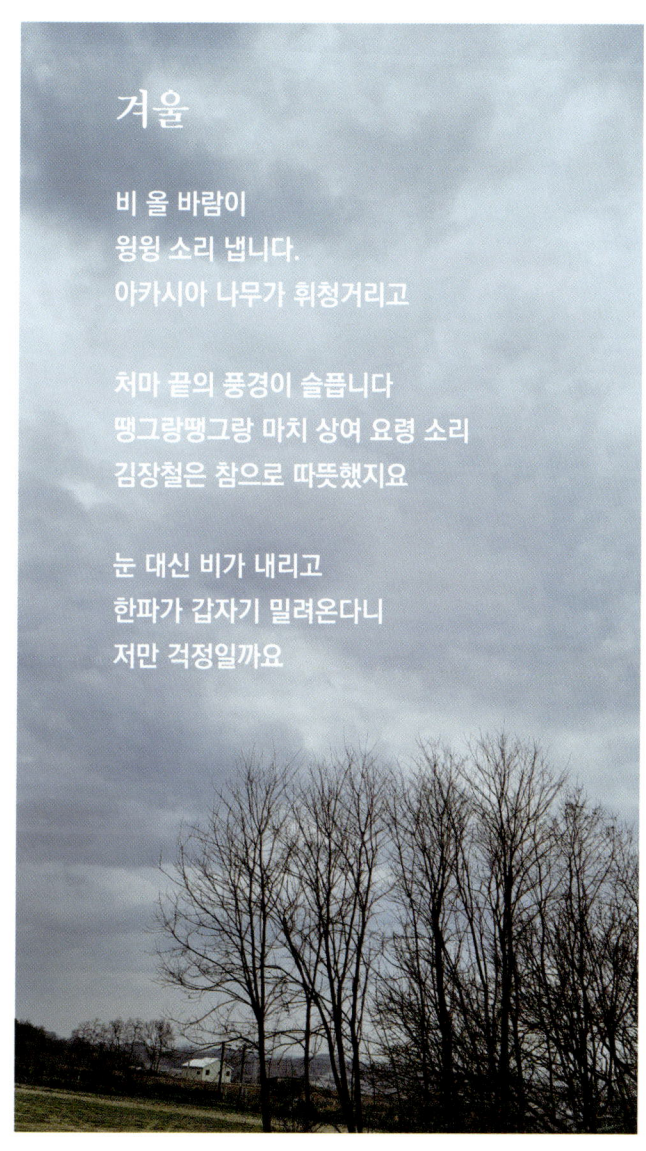

겨울

비 올 바람이
윙윙 소리 냅니다.
아카시아 나무가 휘청거리고

처마 끝의 풍경이 슬픕니다
땡그랑땡그랑 마치 상여 요령 소리
김장철은 참으로 따뜻했지요

눈 대신 비가 내리고
한파가 갑자기 밀려온다니
저만 걱정일까요

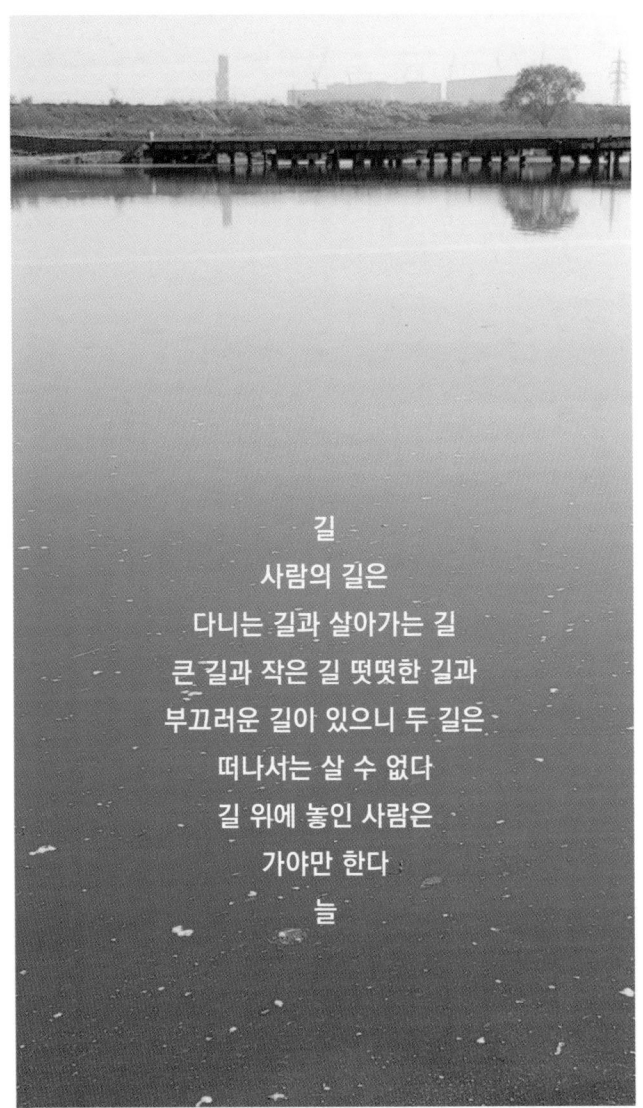

길
사람의 길은
다니는 길과 살아가는 길
큰 길과 작은 길 떳떳한 길과
부끄러운 길이 있으니 두 길은
떠나서는 살 수 없다
길 위에 놓인 사람은
가야만 한다
늘

붕어

시월의 끝자락
한껏 높아진 하늘만큼
깊어진 물속에
보고 싶은 얼굴이 있다

따가운 햇살을 피하려는 이
즐기는 사람이나
한결같으니 예쁜가 보다
보면 기꺼워하고
못 보면 섭섭해한다.

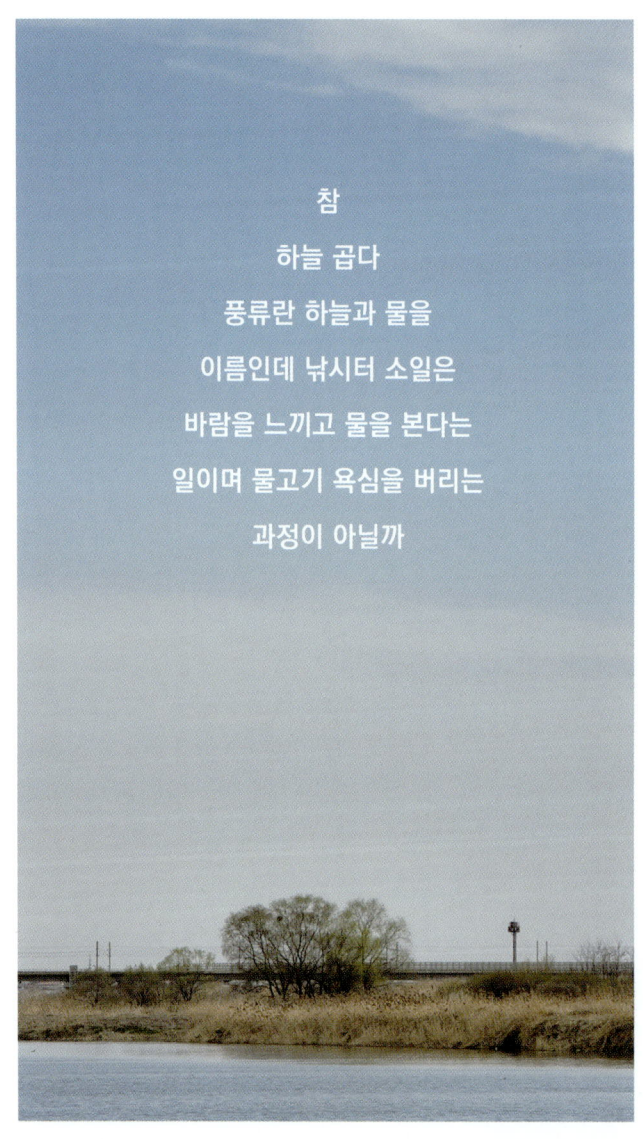

참
하늘 곱다
풍류란 하늘과 물을
이름인데 낚시터 소일은
바람을 느끼고 물을 본다는
일이며 물고기 욕심을 버리는
과정이 아닐까

사월

내일이면
왠지 가을의 끝자락
달력을 뜯어내면
달랑 두 장이 남는다

가을을 보내고
겨울을 맞이해야 하고
김장을 서둘러 끝내고
가기 싫다는 아내와
늦단풍이 절정이라는 울릉도에 가고 싶다
왜가리야 흰 그림자
못 떠내려간 검은색 파이프

바람이여!

바람은 불어야 한다
불지 않으면 더 이상 바람이 아니다
더워서 구슬땀 흘리는 사람에게
파라솔 아래 낚시꾼에게도
바람은 불어야 한다

배고픔보다는 목마름이 어려워도
들어마신 숨 참긴 더 어렵다
거센 바람은 숨쉬기 힘들고
가둬진 공기는 답답하다

숨쉬기에 살아있는 자여
공기는 결코 공짜가 아니다
이끼와 풀 나무와 숲이
공기를 맑게 하니
흔한 잡초라 구박하지 말며
산 자는 숨을 되돌려 놓고야
떠날 수 있음을 알아야 한다

놀

노을은
아침저녁
여명과 땅거미는 앞뒤
대명천지
잠자리
꿈

한 달 방학을 끝내고
평택발전소 큰 다리
아래 앉고 보니 자전거
전용 다리 공사 중이라
주차 공간도 널찍하니
물 가깝고 좋은데
터진 바람에 낚시 불가

늘 하던 자리로 옮겼다
겨우 할 만하다
그늘은 추워서 옷깃을 여미고
마스크도 하고

릴 방울 요란하게
미끈한 달갱이
대낚에 6치 붕어는
교통사고였다

달갱이 : 잉어 새끼
한치 : 3.3 cm
교통사고 : 입술 말고 다른 곳에
　　　　　바늘이 꾀임

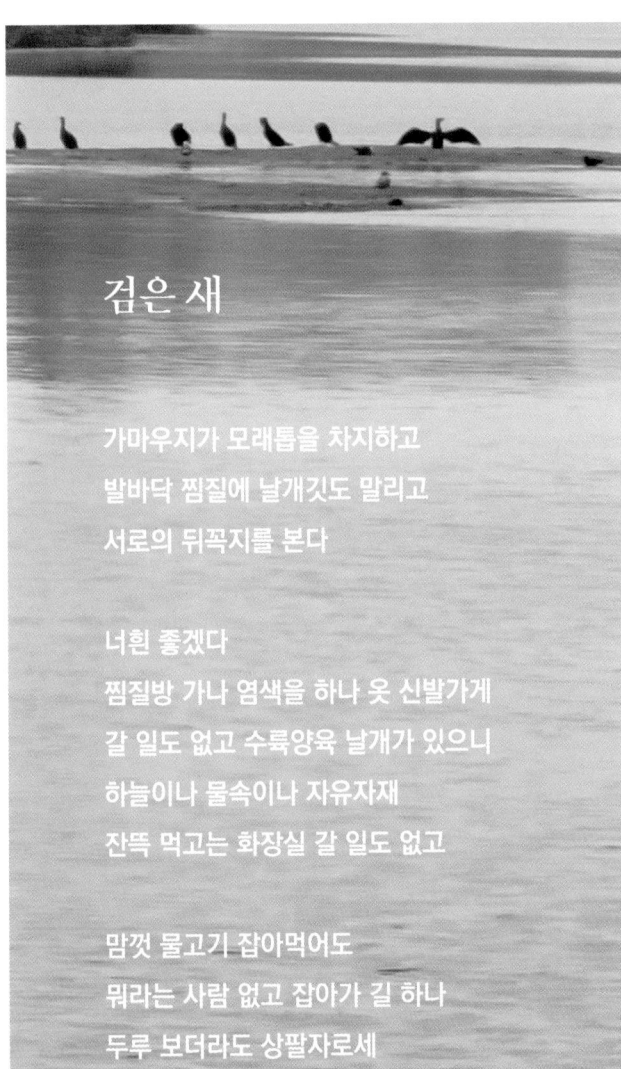

검은 새

가마우지가 모래톱을 차지하고
발바닥 찜질에 날개깃도 말리고
서로의 뒤꼭지를 본다

너흰 좋겠다
찜질방 가나 염색을 하나 옷 신발가게
갈 일도 없고 수륙양육 날개가 있으니
하늘이나 물속이나 자유자재
잔뜩 먹고는 화장실 갈 일도 없고

맘껏 물고기 잡아먹어도
뭐라는 사람 없고 잡아가 길 하나
두루 보더라도 상팔자로세

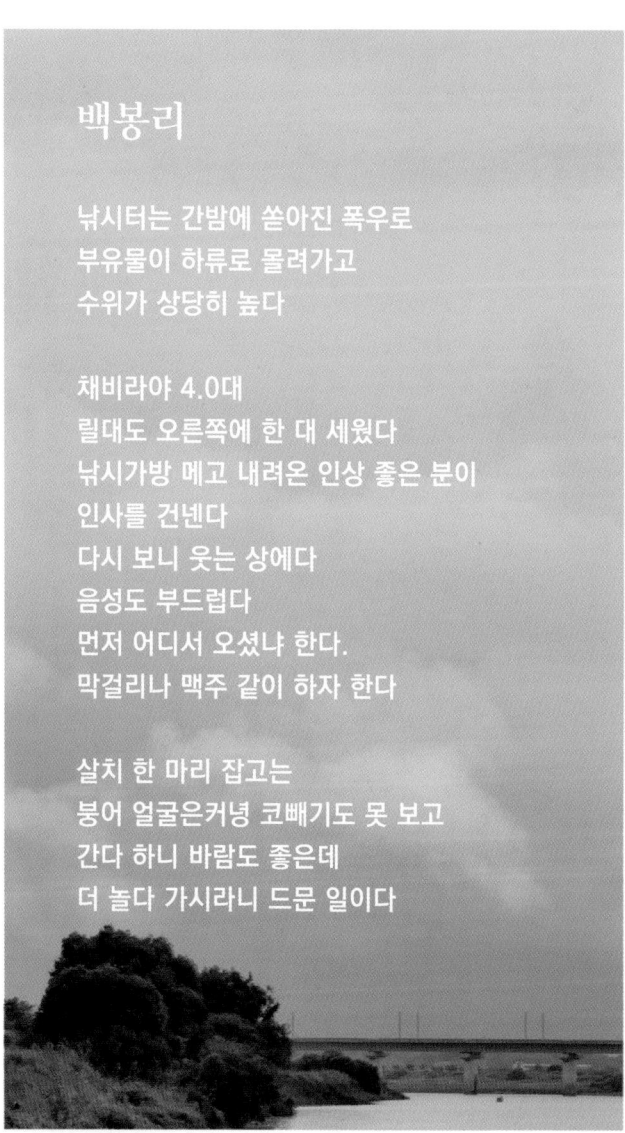

백봉리

낚시터는 간밤에 쏟아진 폭우로
부유물이 하류로 몰려가고
수위가 상당히 높다

채비라야 4.0대
릴대도 오른쪽에 한 대 세웠다
낚시가방 메고 내려온 인상 좋은 분이
인사를 건넨다
다시 보니 웃는 상에다
음성도 부드럽다
먼저 어디서 오셨냐 한다.
막걸리나 맥주 같이 하자 한다

살치 한 마리 잡고는
붕어 얼굴은커녕 코빼기도 못 보고
간다 하니 바람도 좋은데
더 놀다 가시라니 드문 일이다

낯배

어느 님이 띄웠을까
옅은 안개 속에 흘러간다
한 줄 글이라도 적혔으려나

어려서는 종이 접어서
수수깡으로 뗏목도 만들고
소나무 껍질 배는 정성을 들인 만큼
두고두고 돛을 달아 놓았지
그중에 갈잎배는 멀리 못 가고

아직도 냇물에 종이배를 띄우는
놀이를 할까
내 유년 시절은 참 행복했었네
편 갈라서 축구를 할 만큼 열 서넛
책 보자기 던져놓고 놀다가
호롱불에 숙제하려면 왜 그리 졸린지
몇은 유명을 달리하고
이제 가물한 추억은
산 자만의 몫인가 보다

평상

만유인력의 법칙

보기 좋은 모과도 있다
혼신을 다했는지
이파리 지천에 떨어져 가을빛으로
익어가는 모과를 품어내고는
추사 고택이나 농수로 곁에도

거미줄

조그만 화분을
엎어 아이비 한 줌
심은 지 서너 해

두 아름 벚나무에
사철 푸른 옷이다
8월의 단풍이라
들어나 보셨는가

가을이 걸렸네
꽃 피고 잎 지는 일도
서두른다

밤 나들이에
멈춰진 흰 나방은
정장 차림이었다

녹음

곁에 두고
자는 듯 마는 듯
누웠는 저 녹수야
벽계는 제 두고
홀로 가려무나

구름

하늘 다리
아래 여울져 흐르는
한탄강은 어디로 가는가
뜨거운 구월의 햇살을 받아서
은린으로 흩어지고 모여서

자른 바삭한 빵은

올리브유보다

생강차에 적셔 먹어보니

훨씬 낫군요

아내를 미용실에 내려놓고 맞는

호사네요

비질을 하다 말고

문득 생각이 팔월 단풍
쓰레질하는 이가 나뿐인가
벚꽃 질 때도 비질을 한다
붓대만 한 걸 심었는데
두 아름도 넘으니
세월 무심하다

노을 속으로
청운이 피어오르는 아침입니다
아름다운 세상은 우리에게
향기롭게 살라 합니다

방재

어슴푸레
밝음을 등지고 드론이 난다
부지런한 농사꾼으로
오가는 날갯짓에
머릴 감긴다

백일홍

꽃을 봅니다
젊어 울릉도에서 떠나와서
이층집에 사는 고씨 아주머니가
샐비어하고 두 포기씩 주었지요

능소화

꽃이 필 적이면
더위가 시작이고
여러 해 전 타계하신
K 선생님이 생각난다

야외 사생을 다니는 우리에게
꽃가루가 눈에 들어가면
실명한다 하셨다

애주가셨는데
만년에 통풍으로 무진 고생하셨고
아까운 나이에
훌쩍 떠나셨다

추억은
산 사람의 몫인가
피었다 지고
끝물 꽃이다

혼례

더운 여름날에

붉기도 붉어라

배롱꽃을 보니

청의홍상 같아

백년해로 언약

행운목에 꽃이 피면

행운이 찾아온다 합니다
올해는 무려 세 줄기 꽃대에서
어두운 밤에 짙은 향기가 납니다
모든 분도 행운을 만나시고
향기 나는 삶이면
좋겠습니다

산중에 들어

자는 듯 마는 듯
청산에 누웠더니
물소리 바람 소리에
세상사 시름 잊혀지네
청풍이며 명월 벗 삼아서
임 그리며 예서 살까 보다

2016년 5월 25일 나리분지 전경

신작로 끝

멀리 깊은 산골짜기

녹지 못한 눈이 보이시는가

여러 묵나물 채소볶음 된장찌개

밥 비벼 고추장 얹어 먹는 쌈밥

커다란 상추는 부드럽고

잊지 못할 추억은 남아

나리꽃 몇 송이

군민의 날

　촌부
깊은 산골에도
봄이 찾아와서 살구꽃 뽀얀
밭고랑에 놓인 막걸리병

지난 섣달에 돌아가신
아버지 하얀 석회 가루처럼
쟁기질하던 비탈 밭고랑에 넣고는
한 잔 술 부어 올렸다

저도 한잔할게요
술이 넘어가고 눈물이 났다
쟁깃골에 묻어 달라시던
흙에 사시다 흙으로 가셨다

음매
누렁이도 술 생각이 났는지
뒤돌아본다
너도 한잔해야지

밭고랑의 잔설 / 석보

까치

설도 아직 멀었는데
젊은 까치 내외가
신혼집 짓기에 분주하다

흔히 이른 봄에
헌 집을 고쳐 쓰곤 하는데
새집에서 알콩달콩
살고 싶은 거야

요즘 젊은이들이
보고 배웠으면 좋겠다
저렇게 어려움을 이기고
독립성이 있어야지

정초도 멀었건만
부지런한 떠는 까치 내외는
행복할 거야
올봄은 빨리 오려나 보다

겨울꽃

추워져서 창문을 잠그면
사랑초는 꽃을 피운다

해 뜨고야 포개었던
잎을 펼치며
앙증맞은 꽃송이도 고개를 든다

한 꽃대에 네다섯 갈래
통꽃이 피어요
작고 연한 자주색이죠

겨우내
겨울 햇볕을 좋아하는 사랑초는
한 뿌리가 아니에요

새끼손가락처럼 작은
다른 뿌리예요

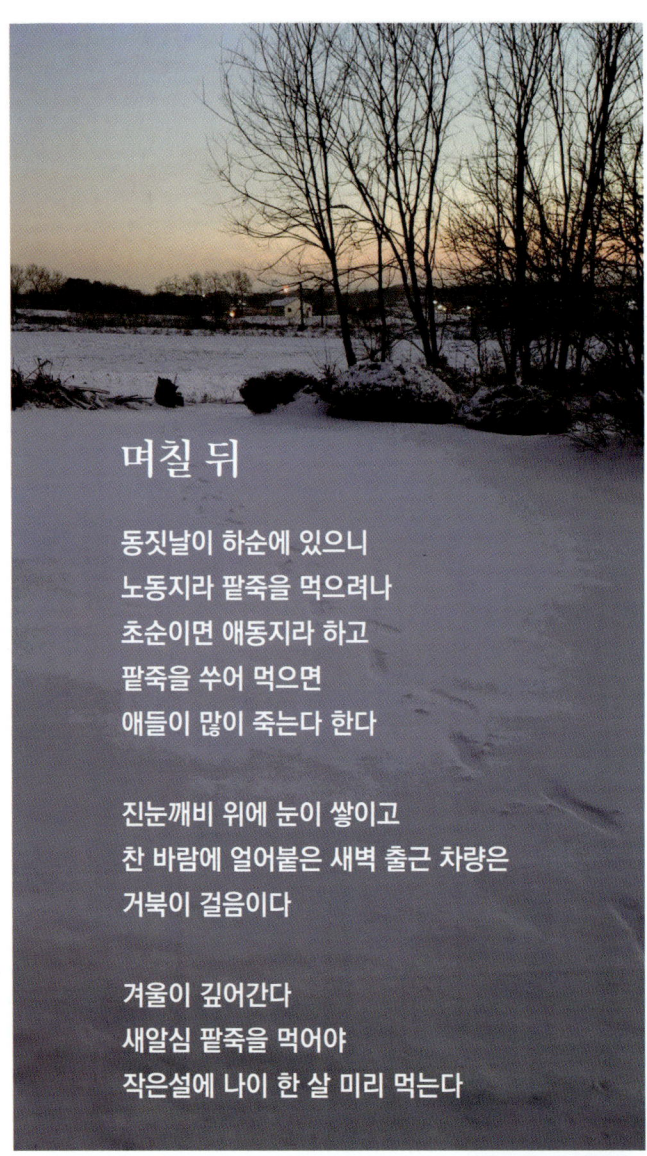

며칠 뒤

동짓날이 하순에 있으니
노동지라 팥죽을 먹으려나
초순이면 애동지라 하고
팥죽을 쑤어 먹으면
애들이 많이 죽는다 한다

진눈깨비 위에 눈이 쌓이고
찬 바람에 얼어붙은 새벽 출근 차량은
거북이 걸음이다

겨울이 깊어간다
새알심 팥죽을 먹어야
작은설에 나이 한 살 미리 먹는다

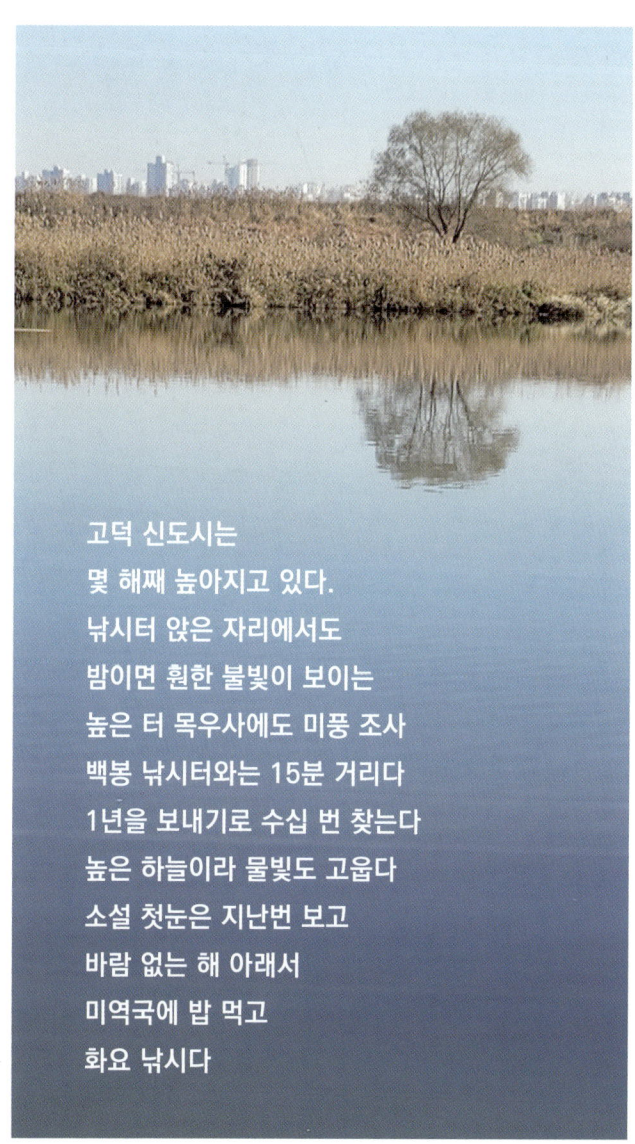

고덕 신도시는
몇 해째 높아지고 있다.
낚시터 앉은 자리에서도
밤이면 훤한 불빛이 보이는
높은 터 목우사에도 미풍 조사
백봉 낚시터와는 15분 거리다
1년을 보내기로 수십 번 찾는다
높은 하늘이라 물빛도 고웁다
소설 첫눈은 지난번 보고
바람 없는 해 아래서
미역국에 밥 먹고
화요 낚시다

물결

부는 듯 마는 듯
느끼지 못하는 바람이 미풍이어
늘 꾼이 좋아하는
1미터 풍속 갑자기 0이면 장판이 되고
투명해져서 심심해진다

자화자찬

얼마나 칭찬이 궁색했으면
자기 그림 자랑을 했을까마는
글 쓰는 작가들도 따라 하는 것 같다

눈이 오려나
아침 해가 힘겹게 여명을 밝혔다
오늘이 토요일인데
조사님들도 나처럼 방학했겠지
추워서 입질도 없는데 고생이지
바람이 없으니 욕심을 내려도
해님이 부끄럼을 타나 숨었다

그림 전시를 한다거나 글을 엮어
책을 내는 일은
결국 남에게 보이기 위함이다
몹시 힘든 작업이지만
예술가로서 긍지를 가지게 된다고 믿는다
네 번의 전시와 세 번의 출간을 끝내고는
걸림 없이 살고 싶다.

그림

제 1 경. 융건백설

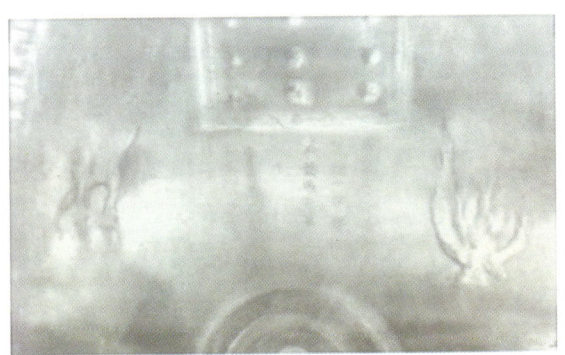

제 2 경 용주 범종

제 3 경 제부 모세

제 4 경. 궁평낙조

제 5 경. 남양황라

제 6 경. 입파홍암

제 7 경. 제암 만세

제 8 경. 남양 성지

華城중에 방화수류정 아래 화홍문 멀리 수장대

바람 풍
ⓒ전덕영, 2024

지은이_ 전덕영

발행인_ 이도훈
편집_ 유수진 | 교정_ 김미애
초판발행_ 2024년 4월 3일

도서출판 도훈
사무실_ 서울시 서초구 법원로3길 19, 2층 W109호
　　　　(서초동, 양지원빌딩)
전　화_ 02) 595-4621, 010-6722-4621
팩　스_ 0504-227-4621
이메일_ flyhun9@naver.com
홈페이지_ www.dohun.kr

ISBN_ 979-11-92346-72-4 03810
정　가_ 14,000원